LA EDUCACIÓN PREVENTIVA

Ediciones Palabra, S.A.
Madrid

Colección: Hacer Familia
Director de la colección: Jesús Urteaga
Coordinador de la colección: Fernando Corominas

Paseo de la Castellana, 210 - 28046 MADRID (España)

Diseño de portada: Marta Tapias
Fotografía de portada: Archivo Hacer Familia
ISBN-13: 978-84-9840-018-2
ISBN-10: 84-9840-018-X
Depósito Legal: M. 19.240-2006
Impresión: Gráficas Anzos, S. L.
Printed in Spain - Impreso en España

Cristina Olivieri
Silvia Tosti Ibáñez

La educación preventiva

HACER FAMILIA
educar en valores

Introducción

Nuestro propósito al escribir este libro es destacar la importancia de disfrutar de la familia, encarando la educación de los hijos como la tarea quizá más gratificante que el ser humano puede experimentar. Intentamos ofrecer a los padres una ayuda en su misión de formar personas como primeros y principales responsables de la educación de sus hijos.

Educar hoy es diferente por múltiples razones: científicas, sociales, económicas, culturales... podemos agregar, además, la incidencia de los medios de comunicación y un fenómeno tan complejo como la globalización. Ante este apasionante desafío necesitamos aprender nuevas respuestas para llevar adelante, con alegría y optimismo, nuestra responsabilidad de padres.

Cuando observamos en el mundo que nos rodea la frecuente ausencia de valores éticos, descubrimos la necesidad de educar la voluntad de nuestros hijos y **llegar antes** con los criterios que les permitan elegir el bien y aprender a amar la verdad. Es precisamente en este campo donde la familia se constituye en principal protagonista.

Reconocer qué valores procuraremos que se transformen en las futuras virtudes de nuestros hijos, es el primer paso. Los padres debemos reflexionar a fondo sobre este tema para aprovechar las múltiples ocasiones de la vida cotidiana y actuar en consecuencia. Caminar hacia ese objetivo implica crear un estilo familiar propio que será el sello de unidad entre los miembros de una familia.

El Proyecto Educativo Familiar es el marco de referencia que nos va a permitir tener claras las prioridades y mantenernos en el camino elegido. Los pasos siguientes tienen que ver con buscar los medios que nos puedan ayudar a vivir y transmitir esos valores familiares.

Este libro está dividido en dos partes. La primera trata dos temas que consideramos fundamentales para la educación de los hijos: la Educación Preventiva y la Educación Temprana.

La Educación Preventiva busca llegar antes con el bien, cualquiera sea la etapa evolutiva en que se encuentren los hijos. Hasta hace unos años era suficiente educar en presente con el ejemplo diario y educar en pasado corrigiendo los comportamientos inadecuados. Hoy, ante la presión de las influencias externas y el menor tiempo disponible, debemos educar en futuro, es decir, adelantarnos con nuestra acción educativa.

La Educación Temprana nos permite aprovechar los aportes de la neurociencia para actuar a tiempo y conocer cuáles aprendizajes son oportunos de acuerdo al desarrollo biológico y psicológico de los hijos. Durante sus primeros años de vida, es importante que los niños crezcan en un ambiente pleno de estímulos, ofrecidos en el momento y el modo adecuados, para que desplieguen toda su potencialidad.

La segunda parte desarrolla tres temas: la adquisición de hábitos, el juego con los hijos y cómo vivir la Cuaresma en familia.

La repetición de actos no siempre es suficiente **para adquirir un hábito, es necesario que la persona quiera hacerlos conscientemente y con esfuerzo.** Para lograr que arraiguen en la conducta del niño, será necesario motivarlos de acuerdo a sus posibilidades y proponerles metas accesibles aprovechando los Períodos Sensitivos, esos momentos en los que se aprende con mayor facilidad. Los hábitos adquiridos en la niñez se transformarán en virtudes cuando sean asumidos libremente con el uso de razón.

El juego, sobre todo en la primera infancia, es esencial para el desarrollo integral de nuestros hijos y tiene un papel muy importante dentro de la Educación Preventiva. Está íntimamente ligado con el desarrollo motriz y cognitivo y con la adquisición de hábitos y virtudes. Si reconocemos que es un aprendizaje esencial para la vida adulta, la búsqueda de un tiempo en nuestra jornada para jugar con los hijos pasará a ser algo prioritario.

En los últimos capítulos de cada uno de los libros de esta serie se exponen los contenidos del programa de televisión de EWTN: «Cómo vivir la liturgia en familia», cuyo objetivo es ayudar a que crezca nuestro amor a Dios y a la Virgen en el seno de la familia. En este libro se trata de la Cuaresma.

La Cuaresma es un tiempo de renovación interior, de conversión espiritual, que nos permite prepararnos para el misterio pascual. Es una oportunidad para que toda la familia esté más cerca de Jesús y cuide intensamente la fe, la esperanza y la caridad. Es el momento propicio para crecer en virtudes como la fortaleza, la templanza y la capacidad de sacrificio. Es, además, un tiempo de alegría porque el Señor está a nuestro lado y su gracia nos acompaña siempre. Vivir estas semanas de la mano de la Santísima Virgen completará el sentido de este tiempo litúrgico.

Para **educar en futuro** es necesario: contar con Dios, renovar el optimismo cada día, demostrar cariño a nuestros hijos, mantener un clima de confianza, luchar por ser coherentes sin perder la paciencia y, algo que es fundamental, darles nuestro tiempo.

Animamos a leer este libro con la esperanza de poder construir entre todos una sociedad mejor. Educar a nuestros hijos en las virtudes que harán de ellos personas libres y responsables permitirá cimentar el mundo en el que todos deseamos vivir.

Para terminar queremos agradecer especialmente a Fernando Corominas por haber confiado en nosotras para formar parte de este proyecto, y a nuestros maridos, con quienes compartimos la felicidad de educar a los hijos, que son el regalo que Dios puso en nuestras manos.

PARTE PRIMERA "A"

El secreto de la felicidad
no es hacer siempre lo que se quiere,
sino querer siempre lo que se hace.

Leon Tosltoy

NUESTRO DESAFÍO ES LLEGAR A TIEMPO

La Educación Preventiva

Panel de expertos sobre: La Educación Preventiva

Producido por: Eternal Word Television Network. EWTN, Birmingham, Alabama, U.S.A.

Conductor: José María Corominas.

Asisten como expertos:

Lolita Sottil de Domene, Presidenta del Instituto Mejicano de Estudios de la Educación, Master en Matrimonio y Familia por la Universidad de Navarra, Master en Educación Familiar.

Ana Salas, Orientadora Familiar por la Universidad de Navarra, Master en Educación Familiar.

Mario Vargas Montero, Especialista en Hematología, Master en Administración de Negocios.

José María

— Bienvenidos al programa *Una Educación Diferente.* Hoy vamos a tratar el tema: «La Educación Preventiva». Para esto contamos con tres expertos en educación que nos van a ayudar a analizar el tema: Lolita Sottil de Domene, madre de cuatro hijos.

Ana Salas y su marido Mario Vargas Montero, padres de dos hijos.

El tema será la Educación Preventiva, pero antes me gustaría hacer un preámbulo. Si leemos los escritos del Papa Benedicto XVI, veremos que pone mucho énfasis en el tema de la formación, porque, hoy en día, el problema no es que haya más ataques a la doctrina de la Iglesia, sino que el altavoz que utilizan es mucho más amplio. Por eso, la responsabilidad que tenemos nosotros para con nuestras familias y para con las personas que nos rodean es, de alguna manera, incrementar nuestra formación, para poder contrarrestarlos y defendernos. Yo creo que la Educación Preventiva es un arma esencial para anticiparnos a todas esas cosas y proteger a nuestra familia. ¿Qué nos puedes decir sobre la Educación Preventiva?

Lolita

— Existe un dicho en medicina que es aplicable a la educación: «es mejor prevenir que curar». Aplicado a la educación, a la Educación Preventiva concretamente, podemos decir que es mucho mejor y más sano instaurar un buen hábito en la familia, en los hijos, que dar cabida a un vicio. De eso se trata la Educación Preventiva. Como padres formadores, tenemos que estudiar todas las nuevas pedagogías que nos hablan sobre una educación en futuro, para prevenir esas situaciones que pueden llegar a arraigarse. Por ignorancia o por falta de conocimiento, puede instaurarse en la familia, concretamente, en alguno de nuestros hijos, un vicio que luego deberemos quitar.

José María

— Yo recuerdo que una vez, cuando asistí a un seminario con mi familia, me contaron una anécdota, que luego me enteré que era una teoría: la Teoría del Teatro. Os la voy a contar y, después, os voy a pedir que la pongáis en perspectiva desde el punto de vista de la educación de los hijos. Contaban que a una ciudad iba a llegar una compañía de teatro; el periódico anunciaba en primera página que en los próximos tres meses iba a montarse una nueva obra. Había una señora, María, que, mientras estaba desayunando, abrió el periódico y vio el anuncio. ¡Era la obra que llevaba diez años tratando de ver! Llena de emoción tomó el teléfono, llamó al teatro y reservó el mejor billete: el mejor asiento, con la mejor vista y el mejor sonido. Después olvidó el asunto. Otro señor llamado Juan, que también estaba muy emocionado con la obra, vio el periódico y se dijo: «¡A esta obra yo tengo que ir!», pero siguió trabajando y olvidó hacer la reserva. Pasaron los tres meses y María, en la puerta del teatro, fue la primera persona que entró y se sentó rápidamente con sus palomitas en la silla mejor situada. Juan, muy ocupado en la oficina, se dio cuenta de que era el día de la función de teatro y salió corriendo. Llegó cinco minutos antes de que empezara la función, pero en la taquilla no había localidades disponibles. Después de mucho pelear consiguió el último asiento reservado para alguien que no había aparecido. Cuando entró en el teatro se dio cuenta de que su asiento estaba ubicado arriba, lejos y detrás de una columna. El hombre, muy fastidiado, llamó al acomodador y le dijo: «¡Por favor! ¡Esta obra de teatro la he querido ver toda la vida! ¡Tengo que verla! ¿No me podría acomodar (y señaló a María) en el asiento que tiene la señorita aquella?», mientras le pasaba una pequeña ayudita debajo de la mano. Entonces, el acomodador se acercó a María y le dijo: «¡Este señor quiere su asiento! ¡Dice que es muy importante y realmente insiste!». María le respondió: «¡Pero yo llevo tres meses esperando!». ¿Tú crees que consiguió que se levantara del asiento? Me gustaría que me ayudaran a poner esta anécdota desde la perspectiva de la Teoría del Teatro, referida a la educación.

Ana

— Lo cuenta un pedagogo alemán, que compara el cerebro con una gran sala de teatro. Dice que en el cerebro del niño, al nacer, hay una cantidad de sillas vacías que están esperando que se siente un hábito, bueno, por supuesto, y que al final de nuestra vida esas sillas estarán llenas. Es necesario preguntarnos, como padres de familia: ¿Llenas de qué? Tendríamos que llegar antes para hacer lo que hizo María: fue previsora, se adelantó y compró el boleto con mucha anticipación. Juan no lo hizo y después fue demasiado tarde y tuvo roces con María intentando ocupar su asiento. Los padres de familia, para poder educar a los hijos en futuro, tenemos que llegar antes. Pongo un ejemplo: en una escuela de padres que manejamos en Costa Rica, se matricularon varias familias. Uno de los matrimonios, que no tenía hijos, se planteó formarse cuando ella ni siquiera estaba embarazada. Mientras esperaban su primer hijo leían los libros de la Colección Hacer Familia y hacían Planes de Acción. Cuando nació su hija la comparó inmediatamente con la Teoría del Teatro, con las sillas vacías. ¿Qué pongo primero? Pues debo «sentar» hábitos buenos. ¿Por dónde empiezo? Por el tema del orden, sueño, alimentación... todos hábitos buenos, por supuesto. ¿Qué pasó con esa niña al año? Estaba la mamá tomando café con las amigas que había conocido en el curso de preparación del parto y, con una cierta «envidia sana», le preguntaron: ¿Cómo es posible que tu hija con la edad que tiene ya duerma fuera de tu cuarto, sola, sin ningún problema con el sueño y toda la noche? Eres una mamá bastante relajada. Ella decía que también le había ocasionado trabajo y esfuerzo, igual que otras mamás que no han hecho educación preventiva, pero con resultados muy buenos.

José María

— El ejemplo es la base e instrumento de nuestra enseñanza. Ahora me gustaría concretar un poco en edades. Por ejemplo, el caso de un padre que tenga un hijo de ocho años, una niña de doce y un chico de dieciséis.

Ana

— Voy a hablar del niño de ocho, pero antes quiero decir que conviene que los padres conozcan los Períodos Sensitivos, para aprovechar todo lo que significa la Educación Temprana. En los primeros años de vida, entre cero y seis años, se conforma el cerebro en un noventa por ciento, es decir, se pone el cimiento de la persona, lo que va a ser de mayor. Un niño de ocho años está en la edad de oro: es como una esponja, aprende de todo, está ávido de información. Yo te diría que a un niño de ocho años es importante explicarle la diferencia entre un amigo, un compañero y un compinche. Explicarle la sexualidad de acuerdo a su edad. Ahí no debemos llegar nunca tarde; es muy importante llegar antes, porque, en ese tema, un compañero de la escuela le dice cualquier cosa y lo deforma. El rendimiento escolar es un tema que ellos tienen que conocer también, pues su trabajo profesional es estudiar, lo tienen que hacer bien, porque solamente lo que está bien hecho educa. La relación con Dios tiene que ver con formar su conciencia. A esta edad, en mi país, muchos ya están preparados para hacer la Primera Comunión. Es el momento para el tema de los encargos que les permitirán ser niños muy responsables y algo tan sencillo, por ejemplo, como el uso de una agenda es muy recomendable, porque el niño a esta edad está en condiciones de empezar a captar la importancia de distribuir bien su tiempo.

José María

— ¿Qué podríamos decir de la niña a los trece años?

Lolita

— Lo que dice Ana se complementa muy bien, porque, si has hablado, por ejemplo, del tema de la sexualidad a los ocho, eso no implica que no lo toques a los doce años. Yo creo que es importantísimo replantear una conversación abierta de madre a hija sobre la sexualidad, en la que entre el respeto de su cuerpo, de uno mismo, el trato con los primos o los amigos que se va encontrando; con las amigas con las que acuden a ciertos lugares, a las casas concretamente. Otro tema muy importante es el abuso de la computadora, del Messenger, del teléfono celular. Las hijas razonablemente deberán ir entendiendo que hay un tiempo y un uso adecuado, y que hay que ser moderados en todas esas situaciones. También es fundamental el estudio, las diversiones, traer las amigas a casa. Es una edad muy importante, pues todo lo que diga su círculo de amigas o la amiguita líder tiene mucha influencia, y ya la empieza a impactar. Entonces, nosotros como padres tenemos que traer a esos amigos a casa, verles las caritas, saber cómo piensan, hablar con las madres, coordinar qué permisos se van a dar y hacer en conjunto una labor de equipo. Es el momento de acercarle a tu hija lecturas, biografías, libros importantes sobre diversos temas para alcanzar ideales.

José María

— El tiempo que hay que dedicarle a nuestros hijos es importante y es la base de todo lo que estamos hablando. ¿Qué podrías comentar acerca del chico de dieciséis años?

Mario

— Yo incluso rebajaría un poco más esa edad, te estaría hablando de muchachos de trece, catorce, pasando por los dieciséis años y llegando a los veinte. Pienso que no existe una edad en la que dejemos de pensar en la prevención de nuestros hijos, siempre habrá alguna situación especial. Particularmente, en este grupo de muchachos, hay temas que son muy importantes y que se distribuyen en las diferentes edades: el uso de las drogas, el tema del sexo, no solo viéndolo desde el punto de vista de la salud, sino también con relación a su vida espiritual, se refiere al respeto hacia las demás personas, a su novia, a su novio, a sus amigos, a sus compañeros, a sí mismo. Otro tema son las salidas nocturnas, con el riesgo que implica actualmente estar en el momento y en el lugar justo para que venga la desgracia.

José María

— Todo esto conlleva muchas veces a prepararnos nosotros por anticipado y provocar estas conversaciones con nuestros hijos. Mucha gente de otros países nos ha hecho preguntas sobre la familia y la educación de los hijos. Vamos a ver dos preguntas.

PRIMERA PREGUNTA

— He aprendido que la Educación Preventiva es muy importante. ¿Qué virtudes están relacionadas con la Educación Preventiva y con qué virtud debemos empezar?

Lolita

— La virtud principal que debe arraigarse en un ser humano desde temprana edad es el orden, que se puede vivir de uno a cuatro años intensamente. Cuando sus papás se preocupan por fomentar ese hábito, una persona es ordenada desde el inicio en sus juegos, en sus horarios, en sus comidas. Es lo que hay que afianzar realmente, porque, si está asentado el orden, luego vendrán las demás virtudes. Ahora, atención los padres de familia, porque nosotros podemos, al propiciar el orden, caer en la obsesión y fomentar que el ser ordenados se convierta en un fin. Debería ser un medio para que los demás sean felices, para que luchen por mejorar, para que sean más capaces de darse y de entregarse. Ser más felices todos en familia y también con los demás. Esto nos lleva a pensar que no puede haber orden sin la virtud de la prudencia. Hay que ser prudentes en el uso del orden, saberlo manejar, saberlo transmitir adecuadamente. El orden nos debe llevar a la virtud y no a vivir el orden por el orden mismo.

José María

— Todos estos medios son instrumentos que les estamos entregando a nuestros hijos, para que al final sean mejores hijos de Dios y cumplan mejor con su voluntad. Pasemos a la segunda pregunta.

SEGUNDA PREGUNTA

— Creemos que nuestro hijo Andrés, de cinco años, está en el Período Sensitivo en el que puede aprender a patinar, andar sobre una raya, montar en bicicleta. Pero a nuestro hijo no le gusta el ejercicio. ¿De qué manera podemos ayudarlo para que haga más actividad física? Sabemos que es esencial para su crecimiento y para adquirir destrezas.

Ana

— Es una inquietud que tienen muchos padres de familia. En algunas oportunidades me he encontrado con familias en las que el padre es muy deportista, pero no hay forma de lograr que su hijo se inicie en un deporte. Yo creo que sería esencial tratar de motivar al hijo, viendo el ejemplo del padre, insistir en que es muy importante empezar una actividad física. Recuerdo una familia que vivía esta situación y el padre decidió buscar qué le podía interesar a su hijo. Realizó un plan con la bicicleta: la compró, la puso enfrente del niño y comenzó él a hacer las maniobras que le correspondían a su hijo. Un día, el niño lo intentó también. Así empezó y ahora está listo para participar en campeonatos. Fue mucha la paciencia de papá y, sobre todo, influyó el ejemplo.

José María

— Muchas veces, los hijos utilizan este tipo de actividad para estar con su papá o estar con su mamá.

Mario

— Hay dos puntos que son importantes. Uno es que, si se empieza a educar desde que son pequeños, podemos ir formándolos en un hábito determinado. El otro punto, también importante, es que, en la medida en que conozcamos a nuestros hijos, podemos ir potenciando aquellas aptitudes que se van manifestando a través del tiempo.

Qué es prevenir

Qué se entiende por prevenir

Si deseamos que nuestros hijos lleguen a ser seguros, a tener carácter y a convertirse en adultos capaces de concretar un proyecto de vida, tenemos que empezar a inculcar desde la infancia los valores que harán esto posible. La educación de los hijos exige que los padres nos detengamos a pensar, a reflexionar a fondo sobre la «estrategia» a largo plazo necesaria para su formación.

Sabemos que, hoy en día, es difícil esta capacidad de previsión para algunos padres: el ritmo acelerado de la vida, el trabajo fuera de casa, las tareas del hogar, los horarios pueden fácilmente impedir la reflexión y hacer muy difícil el hecho de imaginar a los hijos quince o veinte años después, como adultos maduros. Más difícil aún resulta imaginar que puedan tener problemas serios en el futuro.

Las dificultades con los hijos no se presentan de improviso ni tampoco son todas ellas el resultado de las influencias del ambiente. Todo lo que hagamos o dejemos de hacer como padres durante la infancia repercute directamente de un modo u otro en su formación. La clave es llegar antes e inculcar en nuestros hijos los criterios que les permitirán elegir el bien, resistiendo las influencias negativas y la tentación de abandonar los valores vividos en la familia.

Somos conscientes de que este «trabajo educativo» es arduo, pero también sabemos que vale la pena, porque, generalmente, los resultados son hijos que crecen de acuerdo con lo que se espera de ellos: mujeres y hombres responsables, que viven con su propio estilo los valores que les inculcaron sus padres.

Educación y prevención

Las Nuevas Pedagogías, también llamadas Pedagogías de Vanguardia, nos hablan de Educar en Futuro. Educar en Futuro es adelantarse en el bien, llegar antes con un hábito bueno, en una palabra, **prevenir**. Es lamentable adquirir un mal hábito por ignorancia o empezar a hacer el mal sin saberlo, sin conocer todas sus consecuencias. El mal crea hábitos, costumbres, y desprenderse de ellos implica esfuerzo.

En todas las familias se tiene la experiencia de lo cierto que es el dicho: «más vale prevenir que curar». La Educación Preventiva se basa también en este principio. Es mejor y más fácil que los hijos adquieran buenos hábitos y costumbres antes que arraiguen los equivocados.

Según el Diccionario de la Real Academia Española, prevenir es: «preparar, aparejar y disponer con anticipación las cosas necesarias para un fin; prever, ver, conocer de antemano o con anticipación un daño o perjuicio».

Por lo tanto, una cosa es prevenir algo antes de que se produzca, lo que llamamos «llegar antes», «darles defensas contra el mal», «darles argumentos para elegir lo bueno», y otra diferente, aunque no menos importante, es estar atentos a los primeros síntomas de las caídas graves para acudir a tiempo y actuar evitando que se profundicen.

• ***Ejemplo de prevenir llegando antes con el hábito bueno:***

Una familia decide instalar el hábito de la sinceridad en sus hijos pequeños y busca intencionalmente oportunidades para que aprendan el valor de la verdad, es importante que apoyen y reconozcan cuando los hijos dicen la verdad. Darles el ejemplo de la lucha personal, anécdotas familiares, cuentos, vídeos, etc.

• ***Ejemplo de prevenir llegando antes de que se instale un problema grave:***

Unos padres observadores descubren que su hijo de 10 años dedica demasiado tiempo a juegos de ordenadores. También notan que es la diversión que prefiere. Se proponen mejorar esta situación fomentando un deporte en familia que les permita estar más cerca de su hijo y evitar que se transforme en un futuro problema.

Prevenir es:

- Aprender a educar mejor... y no improvisar.
- Conocer los Períodos Sensitivos... y saber aprovecharlos.
- Saber cuáles son los Instintos Guía... y apoyarnos en los positivos.
- Darse cuenta de la importancia de comer juntos... y tener sobremesa.
- Conseguir que en casa se hable correctamente... ¡malas palabras, no!
- Saber que **no** gritar... es muy importante. Hablar bajo

Y hacerles ver que...

- Los monitores (TV, ordenador, videojuegos, teléfono celular, reproductores de MP3) pueden hacer perder el tiempo o crear adicción...
- Es muy divertido jugar en familia...
- La verdadera amistad es un tesoro...
- La droga destruye a la persona... antes de que se la ofrezcan.
- Su cuerpo tiene un gran valor... antes de que lo regalen.

- Hay que estudiar ahora... mejor que lamentarse mañana.
- Visitar o ayudar al que lo necesita... nos ayuda a ser más felices.
- Con el mal no se dialoga... se huye.

La tarea de los padres: formarse para educar mejor

Nuestra tarea educativa consiste en conseguir que nuestros hijos adquieran, ya desde edades tempranas, aquellos hábitos y valores básicos que más adelante les facilitarán ser personas maduras, libres, responsables y felices.

Plantearse ideales y objetivos concretos para alcanzarlos, conocer a cada hijo, aprovechar los medios y las oportunidades que nos brinda la vida cotidiana, en otras palabras, quererlos bien y de verdad sugiere una tarea por parte de los padres que no puede quedar librada a la improvisación o al azar. Tratándose de la educación de nuestros hijos, nadie puede darnos la «receta» para resolver «nuestro» caso; tendremos, por el contrario, que encontrar nuestras propias respuestas.

El primer paso será tomar conciencia de que debemos saber más para decidir correctamente. El segundo, buscar los medios que pueden ayudarnos: libros, revistas, cursos, seminarios, programas de formación continua, expertos en educación, etc. En tercer lugar, tratar de hacer vida los conocimientos adquiridos, buscando siempre la coherencia con los principios familiares.

No podemos dejar de mencionar el aporte que significa la experiencia de otras familias, próximas y lejanas, ya que de todas se puede aprender algo valioso.

La Teoría del Teatro

Según esta teoría, el comportamiento del ser humano se asemeja a una función de teatro: el cerebro de una persona se compara con una sala de teatro llena de sillas, vacías al nacer y ocupadas al final de nuestra vida. Cada una de ellas está esperando una idea, un concepto, el hábito bueno que le corresponde. Por el escenario va pasando la vida y, en función de las ideas que tenemos sentadas en las butacas, nuestra voluntad actúa, toma decisiones, apoyándose en la inteligencia y en los conocimientos adquiridos.

Cuando un niño se acerca por primera vez a una vela encendida e intenta agarrar la llama con sus manos, se quema; en ese momento, una idea ha entrado en el teatro y se ha sentado: «No toques el fuego porque te quema» Es posible que no lo vuelva a hacer.

En otra ocasión, su mamá le explica con un cuento que los valientes dicen la verdad y le da razones. Es posible que tenga que repetirlo varias veces, pero, al final, otra butaca queda ocupada: «mentir es malo». Puede ser que alguna vez mienta, pero él sabe muy bien que ha hecho algo que no debe. Y así, poco a poco, va aprendiendo, «ocupando butacas».

- Trato bien a mi hermano.
- Cuido mi casa y no rayo paredes.
- Prestar un juguete es bueno.

Pero también se sientan en el teatro ideas equivocadas, que demandarán un gran esfuerzo para ser sustituidas por las buenas. Las primeras que llegan y se sientan son «sus» ideas y no es fácil cambiarlas. Llegar antes hubiera sido más fácil. En ese caso hablaríamos de:

- Adelantarse
- Educar en futuro
- Prever

Para que una idea pueda instalarse debe pasar por delante del teatro. Como padres debemos decidir qué ideas queremos «sentar» en nuestros hijos.

Décadas atrás, estas ideas estaban más controladas:

- por la familia,
- por la escuela,
- por el ambiente.

Hoy, las ideas tienen otros medios para llegar a nuestros hijos:

- televisión,
- películas,
- propagandas,
- Internet,
- videojuegos,
- reproductores de MP3,

- teléfonos celulares,
- etcétera.

Educar con el ejemplo diario es **educar en presente**. Corregir a los hijos cuando hacen algo mal es **educar en pasado**. Hasta hace unos años, ambas maneras de educar eran suficientes. Pero, en la actualidad, la influencia externa es más fuerte y los padres, que estamos más tiempo fuera de casa, no podemos controlar gran parte de esas influencias. El tiempo que estamos con nuestros hijos debe ser mejor aprovechado y debemos procurar llegar antes, prever, adelantarse: **educar en futuro.**

Prevenir por edades

Prevenir exige una preparación adecuada para saber qué conviene hacer en cada edad y en cada momento. Cualquier padre puede imaginar una lista interminable de ideas que quiere sembrar en sus hijos para llegar antes. A continuación sugerimos algunos ejemplos que sirven de orientación para descubrir muchas más. Es necesario tener en cuenta que varones y mujeres se desarrollan en momentos diferentes y que las edades propuestas son solo aproximadas.

Entre 0 y 2 años.

Orden: un niño a esta edad necesita estabilidad en el ambiente que lo rodea, por eso es importante el orden en el sueño, las comidas y la higiene.

Estimulación sensorial: es esencial ofrecer numerosas ocasiones para que nuestros hijos desarrollen al máximo sus sentidos, especialmente, la vista, el oído y el tacto. Esta estimulación facilita y enriquece la configuración y el desarrollo del sistema nervioso central.

Entre 2 y 6 años.

Sinceridad: este hábito puede potenciarse desde muy corta edad. Nunca es demasiado pronto para que se acostumbren a decir siempre la verdad, porque las mentiras pueden instalarse con facilidad. Es fundamental reconocer cuándo son sinceros, sobre todo, si han hecho algo mal. Amar la verdad nos hace más felices.

Obediencia: todos conocemos por experiencia nuestra tendencia a la comodidad, por lo que es necesario enseñar a obedecer. Cumplir pequeños encargos son medios convenientes para fomentar la obediencia a esta edad.

Generosidad: el concepto de lo mío y lo tuyo que adquieren en esta etapa les ayuda a descubrir la importancia de la generosidad. Pueden aprender lo bueno que es dar y ayudar a los demás. En la familia hay muchas oportunidades para ser generosos: ayudar a mamá en la cocina, cuidar al más chico, avisar cuando llora, etc.

Piedad: es el momento de enseñar las primeras oraciones. Repetidas a menudo y con paciencia y en compañía de sus padres, se grabarán a fuego y para siempre en la memoria y en el corazón. Es el tiempo, también, de los primeros encuentros personales con Jesús en el Sagrario, a través del diálogo confiado y espontáneo.

Entre 6 y 10 años.

Estudios: es la edad oportuna para que aprendan a **querer estudiar,** potenciando la fuerza de voluntad, la constancia y el orden. Aprendiendo a jugar se aprende también a estudiar y a trabajar. Para estimular su memoria podemos repetirles cuentos, historias, vídeos, canciones.

Alcohol y droga: alrededor de los 9 años están capacitados para comprender perfectamente los peligros del alcohol y de las drogas. Es necesario que empiecen a adquirir los criterios adecuados para hacer frente a temas tan importantes, considerando la proximidad de la adolescencia.

Confianza: para evitar que, en la adolescencia, los confidentes de sus problemas sean solamente los amigos, será necesario crear en nuestro hogar un clima de confianza, de cariño y de servicio. Estas edades son ideales para pasar tiempo con ellos para buscar que nos cuenten con naturalidad todo tipo de cosas: qué amigos tienen, qué les gusta de ellos, qué hacen en su tiempo libre, qué temas están estudiando.

Diversión y tiempo libre: la práctica de actividades físicas y deportivas son consideradas en esta etapa como un juego. Es la oportunidad para enseñarles que son, ante todo, una forma excelente de ocupar el tiempo libre, disfrutar, sentirse bien, hacer nuevos amigos y mejorar la salud. Es fundamental que aprendan la importancia de ser personas activas, aunque no siempre ganen o sean campeones. Otras maneras muy valiosas de aprovechar el tiempo libre son la lectura y el contacto con la naturaleza.

Información sexual: Alrededor de los 9 años, cada padre estudiará responsablemente la situación y la madurez de cada hijo, para dar la información necesaria con claridad, sencillez y naturalidad. Los padres hemos de llegar antes de que la información de sus amigos y del ambiente los confundan.

Vida de fe: para que la familia continúe su labor de escuela de oración, hemos de asegurarnos que los hijos también reciban los fundamentos de sus creencias religiosas por otros cauces, como la escuela o la parroquia.

Este período coincide con la preparación para la Primera Confesión y la Primera Comunión.

- Entre 11 y 14 años.

Amistad: la verdadera amistad comienza en esta etapa. Es importante que aprendan el valor de la lealtad y la diferencia que existe entre amigos, compañeros y cómplices, y la relación entre chicos y chicas.

Libertad y responsabilidad: aplicadas al buen uso de las nuevas tecnologías, es necesario que adquieran capacidad crítica para situarlas en su justo lugar.

Enseñarles a tomar decisiones buscando el bien, libertad, y realizar lo que se ha decidido, responsabilidad.

Pubertad: ahora están comenzando a notar los cambios. Es fundamental reforzar su amor a Dios: conociéndole más de cerca, frecuentando los sacramentos de confesión y comunión, oración y trato con la Virgen. La coherencia entre la familia y el ambiente contribuirán a consolidar su fe.

Solidaridad: si queremos que sean jóvenes y adultos bien formados, hemos de enseñarles ahora a ayudar a los demás, no a servirse de ellos. Se acerca la adolescencia llena de ideales y buenos propósitos que podemos aprovechar para que sean generosos.

A partir de los 14 años será el momento de **prevenir** en temas tan esenciales como:

Diversiones
Orientación vocacional
Noviazgo
Matrimonio
Familia
Ideologías filosóficas y políticas
Consolidar la Fe

Cada familia podría añadir muchos temas más. La mayoría de las ideas pueden «sentarse» antes de los 10 años. **Es preferible un año antes que un día después.**

El Proyecto Educativo Familiar

Desde hace siglos han existido familias que supieron educar correctamente a sus hijos transmitiendo, de una generación a otra, los valores inculcados a través del buen ejemplo y del amor incondicional. Hoy en día, el buen ejemplo no es suficiente; con el cariño no basta. Es una buena base, pero no alcanza.

Educar a los hijos es una tarea compleja que necesita preparación y formación. Es imposible pensar en una educación integral y completa sin una formación continua de nuestra parte. **Los padres no podemos permanecer pasivos.** Hoy podemos hacerlo mejor porque tenemos más medios.

Muchas veces, cuando pensamos en el futuro de los hijos, nos concentramos, fundamentalmente, en la carrera que deben estudiar y en las calificaciones que van a obtener. Nos preocupamos más por el **qué harán**, en lugar de centrarnos en el **qué serán**. Se reflexiona poco sobre los valores y las capacidades que podemos desarrollar en ellos: autodominio, confianza en sí mismos, espíritu de colaboración.

Es importante proponerse que los buenos valores ocupen su sitio, cuanto antes, en la personalidad de nuestros hijos para que, cuando las influencias externas pretendan «sentarse», las butacas ya estén ocupadas y sean capaces de decir que no de manera libre y responsable.

Una vez que tenemos la idea clara del tipo de adultos que queremos que lleguen a ser, es necesario concretar cómo vivir en la familia esos valores que nos hemos propuesto fomentar y actuar en consecuencia. Si preguntamos a un arquitecto cómo desempeña su labor, indudablemente, nos dirá que su trabajo comienza siempre por el proyecto. No puede construirse una casa sobre la marcha; se necesita un tiempo de estudio y un proyecto. Aunque no seamos arquitectos, tenemos en nuestras manos la obra más grande y ambiciosa de todas las que pueden concebirse: la educación de nuestros hijos.

No podemos improvisar. Con intención y previsión tendremos que pensar en sus puntos fuertes y débiles, aprovechar las oportunidades que se nos presenten, conocer los peligros y saber que cada hijo es distinto y necesita, por lo tanto, un Proyecto Educativo propio.

Tener un Proyecto Educativo nos ayuda a:

- Conocer los principios que rigen nuestra vida familiar
- Saber priorizar
- Tener el fin en la mente
- Aprovechar las oportunidades cotidianas
- Dar pasos hacia la dirección correcta
- Resistir las influencias inadecuadas

El Proyecto Educativo Familiar impedirá que otras personas y circunstancias se hagan cargo de la educación de nuestros hijos. Si conocemos los valores que rigen nuestra vida, podremos tomar decisiones acordes a ellos cuando aparezcan los desafíos y los problemas.

Lo primero que tenemos que hacer es detenernos a pensar qué queremos para nuestros hijos:

¿Qué valores queremos que vivan?

¿Cuáles son nuestros objetivos para cada uno?

¿Qué medios vamos a emplear para conseguirlos?

¿Qué hábitos, virtudes, destrezas, capacidades vamos a ayudarles a desarrollar?

¿Qué dificultades tendremos que vencer?

¿Quiénes nos pueden ayudar?

El Proyecto Educativo Familiar debe referirse a todos los aspectos de una educación integral:

- **Desarrollo físico y corporal:** desarrollo y manejo del cuerpo, deportes, ejercicios físicos: gateo, equilibrio, expresión corporal.
- **Formación intelectual:** colegio, actividades extras intelectuales, informática, idiomas. Instrucción también desde el hogar haciendo pensar y razonar en la vida cotidiana, a través de música, vídeos y otras actividades que puedan desarrollar la imaginación y la creatividad.
- **Educación de la voluntad:** voluntad fuerte y decidida, educada. En este ámbito, los padres somos los protagonistas.
- **Cultivo de la afectividad:** educar el corazón, enseñar a querer y a asumir actitudes maduras frente al dolor y la alegría. Enseñarles a reconocer los sentimientos

y a aprender a gobernarlos con la inteligencia.

- **Dimensión trascendente:** Inculcar la vida de piedad, la relación con Dios, desde pequeños.

Nuestros hijos no hacen actos buenos por azar, hay que enseñarles, motivarlos y ayudarlos a adquirir los hábitos que se transformarán en virtudes cuando los asuman con libertad. Por ejemplo, para que un hijo sea una persona generosa en su adolescencia, juventud y madurez, necesita realizar pequeños actos ya en su infancia, como prestar juguetes, ayudar a un amigo, compartir con sus hermanos.

El Proyecto Educativo no sale espontáneamente, hay que proponerse diseñarlo para vivirlo. Prevenir, ir por delante, tener intencionalidad es pensar cómo los prepararemos para la adolescencia, la elección profesional, ser padres de familia responsables y buenos hijos de Dios.

La familia es el ámbito natural para que los hijos crezcan en valores motivados por el amor. El cariño y la confianza nos permiten querernos como somos, asumir defectos y virtudes, ayudar a los demás y sentirnos valiosos y únicos. Los valores se adquieren a través de las vivencias cotidianas. Importan los hechos y los ejemplos antes que las palabras.

Nuestro modo de actuar cotidiano configura el estilo familiar de educación. Una familia tiene un estilo cuando todos sus miembros se esfuerzan por vivir los mismos valores y se descubre, por ejemplo, la ilusión de mejorar personalmente para el servicio de los demás.

El Proyecto Educativo exige tiempo compartido entre los padres y tiempo dedicado a los hijos. La familia educa dando ejemplo y exigiendo a los hijos con naturalidad en el día a día: orden en las cosas, obediencia, ayuda en la casa, responsabilidad en los encargos, horarios de estudio. Como la relación entre sus miembros se basa en el amor, se obedece porque se quiere, se mejora porque se ama y se reconocen con alegría los esfuerzos de todos por ser mejores.

Formar y llevar a la familia por un camino de superación constante no es una tarea fácil. Vale la pena tener claras las prioridades, luchar por ser coherentes y resistir las exigencias de la vida actual. Educar hoy es un arte y una ciencia que debemos aprender, y tenemos a nuestro alcance nuevos conocimientos y ayudas que facilitan nuestra tarea.

PLAN DE ACCIÓN

«Cada vez más profesionales»

Situación: Martín y Laura llevan 8 años de casados. Tienen 2 hijos, Laurita de 6 y Juan de 5. Después de asistir a un programa de educación familiar descubrieron la importancia de «profesionalizarse» como padres.

Objetivo: Crecer en laboriosidad.

Medios: Conocer los esfuerzos realizados por sus hijos en los encargos y el orden: recoger la mesa del desayuno, guardar los juguetes, atender el teléfono, apagar las luces…

Motivación: Destacar la satisfacción interior que se siente cuando nos esforzamos por hacer las cosas bien. Descubrieron que la responsabilidad es un valor en su Proyecto Educativo Familiar y deciden aplicar la Educación Preventiva en este tema. Se proponen reconocerles con alegría el trabajo bien hecho y elogiar sus pequeños logros.

Historia: Los primeros días, la mamá estaba más atenta. Para papá era una actitud nueva que tenía que incorporar. El primer paso fue con naturalidad, después de la cena, todos ayudaron a recoger. Así fueron surgiendo las oportunidades para hablar de la alegría del trabajo bien hecho.

Fue sencillo descubrir, en las situaciones cotidianas, la espontaneidad con que los chicos demuestran lo que sienten y reciben lo que dicen sus padres.

Resultado: Martín y Laura se dan cuenta de que, con este hábito, están poniendo las bases para que sus hijos vivan la laboriosidad en el futuro.

La Educación Temprana

Formación de la persona

Formar a nuestros hijos es la apasionante misión que nos toca como padres. Nuestra tarea consiste en procurar que su desarrollo sea lo más completo posible para que lleguen a ser personas libres y responsables, maduras y estables, flexibles y tenaces, conscientes de ser hijos de Dios y capaces de concretar su proyecto de vida.

Hoy, la ciencia nos demuestra que los niños pueden aprender desde que nacen, e incluso antes de nacer, en el seno materno. La primera etapa de crecimiento del niño se convierte, así, en un período esencial para el desarrollo de sus potencialidades. La Educación Temprana busca aprovechar aquellos momentos en los que el niño está mejor predispuesto para la incorporación de determinados aprendizajes.

Es importante que, durante estos primeros años de vida, los niños dispongan de un ambiente cargado de estímulos ofrecidos en el momento justo y del modo adecuado, para que así desplieguen la riqueza natural que guardan en su interior. De este modo, se conseguirá que los aprendizajes propios de este período se realicen con menor esfuerzo y de manera atractiva.

¿Cómo podremos lograrlo? Poniendo en marcha una serie de Planes de Acción concretos, que nos permitirán obtener con menor esfuerzo resultados sorprendentes.

¿Qué padres, sabiendo que sus hijos pueden avanzar con un buen programa de aprendizaje temprano, van a quedarse de brazos cruzados, esperando que pase el tiempo, pensando que ya aprenderán?

Los padres somos los mejores profesores de nuestros hijos. El niño es feliz aprendiendo sin presiones, disfrutando con sus padres mientras adquiere las bases firmes donde se asentarán los aprendizajes posteriores.

La influencia de los padres en la infancia

En gran medida, está en nuestras manos el que nuestros hijos sean:

Músicos
Generosos
Ordenados
Deportistas
Responsables
Piadosos
Inteligentes...

Siempre dependerá de que ellos quieran serlo, pero nuestra influencia en la forma de motivarlos hará más fácil su elección. No se trata de manipulación, porque el estímulo tiene por objeto educar a la persona en el bien y la verdad. Tampoco podemos hablar de conductismo, ya que se respetan siempre las normas éticas y morales que regulan el comportamiento humano. Es nuestra responsabilidad como padres procurar que nuestros hijos reciban todos los estímulos necesarios para su mejor formación.

Cómo se aprende

La capacidad de aprender es una función que depende de varios factores:

- los estímulos recibidos,
- las aptitudes desarrolladas y
- la voluntad de querer hacerlo.

El primer paso necesario para aprender algo es que exista un estímulo exterior en el que se pueda basar el aprendizaje. Podríamos citar algunos ejemplos para los primeros años:

- Orden en comidas, higiene y sueño
- Contar cuentos
- Cantar canciones
- Reconocer olores y sabores
- Pasear por la calle o el parque
- Juegos de encaje y construcciones
- Recortar y pegar

- Subir y bajar escaleras
- Nadar en una piscina…

Al nacer existen aptitudes genéticas en proceso de desarrollo que se van modificando con el propio aprendizaje. Por ejemplo, cuanto más se practica un deporte, más se mejoran las aptitudes para el mismo.

Aunque los estímulos sean adecuados y excelentes nuestras aptitudes, no se logrará el aprendizaje si libremente no se quiere aprender algo. La comunicación en un clima de amor, confianza y alegría favorece un mayor deseo de querer hacer algo. La motivación colabora para que los hijos se sientan más inclinados a aprender, aunque ellos tendrán siempre la última palabra.

Cerebro y educación

Desde la gestación hasta los 8 años, aproximadamente, el enriquecimiento del cerebro es una consecuencia de las conexiones que se efectúan entre las neuronas. Estas conexiones se llevan a cabo al estimular a nuestros hijos en el momento de su maduración neuronal.

En otras palabras, a mayor número de estímulos y a mayor calidad de estos, habrá más conexiones entre las neuronas y, como consecuencia, mayor enriquecimiento del cerebro.

El cerebro también puede enriquecerse perfeccionando las conexiones neuronales existentes. Este proceso es el que caracteriza la segunda etapa del desarrollo de la persona, aproximadamente, desde los 9 años hasta su madurez.

En los primeros años, la plasticidad del cerebro es muy grande. Ante los estímulos repetidos, las células cerebrales se acomodan a una determinada acción que se aprende de una manera natural, configurando un circuito neuronal o microsurco, hoy detectable con los medios de diagnóstico por imágenes.

Podríamos decir que:

- El enriquecimiento del cerebro se produce por la **creación** de conexiones neuronales o por el **fortalecimiento** de las existentes.
- Cada hábito tiene su **momento oportuno**. El aprendizaje es más fácil cuando la per-

sona está naturalmente predispuesta a adquirirlo. Coincide con las «ventanas de oportunidad» o **Períodos Sensitivos.**

- Cuantas más y mejores conexiones existan referidas a un circuito neuronal, la función relacionada con él podrá realizarse con mayor control y complejidad.
- Este «camino» o circuito neuronal formado en el cerebro favorecerá la adquisición de los hábitos.
- El hábito implica una facilidad permanente para la realización de actos.
- Es muy importante conocer estos procesos para **actuar a tiempo.**
- Como hablamos de seres humanos dotados de inteligencia y libertad, **siempre se puede aprender algo fuera de ese momento, a base de voluntad y esfuerzo.** El resultado, probablemente, será diferente debido a que la plasticidad del sistema nervioso no es igual en todas las edades.
- El **aprendizaje a tiempo** facilita los aprendizajes futuros.

Fernando Corominas lo resume diciendo:

— un talento alto con un aprendizaje nulo es un «genio no nacido».
— un talento bajo o medio con un aprendizaje adecuado podrá llegar a desarrollar aptitudes por encima de lo normal.

Períodos Sensitivos. Instintos Guía

Se denomina Período Sensitivo al momento en que el desarrollo evolutivo de la persona facilita y potencia determinados aprendizajes, para los que biológica y psicológicamente se está en mejores condiciones de adquirir.

En todos los seres vivos existen Períodos Sensitivos en los que el organismo tiende intuitivamente a realizar una determinada acción. Se habla de «períodos» porque corresponden a una determinada etapa y se llaman «sensitivos» porque son independientes de la voluntad. Se puede afirmar que, en estos períodos, existe una predisposición natural para el aprendizaje.

Se llama Instinto Guía a la capacidad, transmitida genéticamente, de poder adquirir o desarrollar determinados aprendizajes.

Cuando coincide con el Período Sensitivo correspondiente, el Instinto Guía adquiere una gran sensibilidad. Es capaz de potenciarse a sí mismo.

El cerebro humano madura por zonas, de abajo hacia arriba, y, durante la fase de maduración de cada zona, las neuronas son más sensibles al enriquecimiento, siempre que reciban los estímulos adecuados. **El aprendizaje temprano se fundamenta en el conocimiento de los Períodos Sensitivos y de los Instintos Guía para conseguir un mejor desarrollo en alguna área concreta.** Un idioma se puede aprender en cualquier edad, pero entre 1 y 3 años cuesta menos trabajo. Una virtud se puede conseguir siempre, pero la generosidad es más fácil interiorizarla entre los 6 y los 9 años. Lo mismo puede decirse con relación a las demás virtudes.

Estimular el cuerpo y la inteligencia. Educar la voluntad

Cuando hablamos de desarrollo del cuerpo o de la inteligencia nos referimos a **estimula-**

ción temprana, reservando para la voluntad la expresión **educación temprana.**

Ejemplo de ***estimulación temprana*** *del cuerpo:*

Unos padres se proponen que su hijo quiera hacer deportes cuando sea mayor. A los 4 años deciden matricularlo en una «escuela de fútbol» para niños de esa edad. Durante una hora, dos veces por semana, practicará este deporte. El papá, además, dedicará un tiempo a jugar a la pelota con su hijo. De esta forma, cada vez jugará mejor y querrá seguir haciéndolo, a todos nos gusta practicar lo que nos sale bien.

Ejemplo de ***estimulación temprana*** *de la inteligencia:*

Unos padres deciden desarrollar el sentido auditivo y el gusto por la música en su hija de 2 años. Procurarán escuchar con ella un tiempo determinado, de música clásica, repetida mejor, todos los días. Esta actividad facilitará también la capacidad de escucha, la discriminación auditiva y el aprendizaje de otros idiomas.

Ejemplo de ***educación temprana*** *de la voluntad:*

Unos padres saben que el primer hábito que su hijo incorporará con facilidad y agrado es el orden. Se proponen cuidarlo desde los primeros meses de vida, en el aseo personal, las comidas y el sueño con un horario. A partir de los 2 años le enseñarán que cada cosa tiene su lugar y jugarán con él a ser ordenados con sus juguetes y su ropa.

El Período Sensitivo del orden lo viven los hijos en sus primeros 3 años. Si sabemos motivarlos, será fácil que adquieran el hábito. Si, antes de los 5 años, le ayudamos a vivir el orden, cada vez le será más fácil. Cuando tenga uso de razón, le motivaremos a querer ser ordenado, porque es bueno para él y los demás. Estamos en el camino de que adquiera la virtud del orden. A partir de entonces le gustará más ser ordenado y le costará menos trabajo. A cualquier edad, porque es libre, puede conscientemente no querer ser ordenado, pero le será fácil recuperar la virtud del orden porque tiene su estructura cerebral preparada.

De forma similar, aunque diferente en tiempo y forma, podemos ayudarle a ser obediente, sincero, estudioso, generoso…

Podríamos decir que los padres somos los «protagonistas» de la **educación de la voluntad** de nuestros hijos. De ahí la importancia de recordar que:

- Educar la voluntad es el principio de una buena educación.
- Las personas son libres para querer aprender y los padres colaboramos con un ambiente favorable (afecto y estímulos) y la motivación adecuada.
- Un solo acto no supone un hábito. Tampoco unos cuantos actos repetidos al azar sin intencionalidad educativa.
- La virtud, es decir, el hábito bueno vivido con libertad, significa repetir actos con sentido, sabiendo qué se hace y queriendo actuar así en cualquier circunstancia y ambiente, estén o no otros presentes.
- La Educación a Tiempo consiste en potenciar un determinado hábito o virtud en el

momento más apropiado para su aprendizaje.

- Es fundamental conocer qué hábitos o virtudes han de reforzarse según las edades de los hijos.

Principales Períodos Sensitivos en la infancia

A modo de guía consignamos, a continuación, un resumen de los principales Períodos Sensitivos correspondientes a esta etapa evolutiva.

MÚSICA: Este momento se vive con más intensidad desde que el bebé se encuentra en el vientre de su madre hasta los tres años y medio. Por ejemplo, si el niño escucha piezas clásicas repetidas, antes de nacer, crearemos conexiones neuronales y estructuras que favorecerán el buen gusto musical, además de desarrollar el sentido auditivo y potenciar la memoria.

ANDAR: Este período se vive entre los diez y los quince meses. Durante este tiempo, el niño comenzará a caminar solo, sin que nadie le enseñe, porque todo su cuerpo le pide andar. Necesita hacerlo, pero es imprescindible que tenga un modelo a quien imitar, que vea a los demás caminar repetidas veces.

EQUILIBRIO: Esta etapa se da entre los tres y los cinco años. El niño es capaz de andar sobre patines y montar en bicicleta sin dificultad. En su cerebro se grabará el hecho de «mantener el equilibrio» y no solo no lo olvidará, sino que lo aplicará durante toda su vida en actividades semejantes. En el futuro le facilitará esquiar, patinar, etc.

LATERALIDAD: Entre los seis meses y los ocho años, el niño desarrolla un proceso durante el cual manifiesta una acusada preferencia por el uso de un lado de su cuerpo. Los diestros usarán principalmente el ojo, el oído, la mano y el pie derecho mientras que los zurdos preferirán el ojo, el oído, la mano y el pie izquierdo.

MÍO-TUYO: A partir de los dos años, los niños van superando la etapa individualista y son capaces de diferenciar lo que les pertenece a otros de lo suyo. Se prepara para comenzar a vivir los hábitos de dar y compartir.

DESCUBRIMIENTO DEL YO: Dentro del proceso de adquisición de autonomía, este período se vive con especial intensidad entre los dos y los cuatro años. Es el momento de reforzar su autoestima. Estrenará su libertad en el momento que descubra lo que vale y se acepte a sí mismo con la responsabilidad de ser mejor.

HABLAR: Este período se extiende entre uno y cuatro años. Alrededor de su primer año de vida, el bebé ha madurado la estructura biológica necesaria para el lenguaje: ya entiende palabras y comienza a producirlas. Cuantas más palabras escuche el niño, más rápidamente aprenderá el idioma y más amplio será su vocabulario.

IDIOMAS: El niño aprende cualquier idioma de forma natural, porque están activas las estructuras para adquirir la lengua materna. Es condición necesaria que conviva con una persona que le hable ese idioma. Ver películas repetidas, siempre en el mismo idioma, facilitará el aprendizaje.

JUEGO: El proceso que conduce a saber trabajar tiene su comienzo natural en el saber jugar. El niño que ha aprendido a jugar bien tiene las bases para saber estudiar y, después, saber trabajar en la edad adulta. La máxima intensidad se da entre los cuatro y los siete años con los juegos simbólicos de reglas y estrategias, aunque desde los dos años son capaces de entretenerse inventando sus propios juegos.

ORDEN: El Período Sensitivo se vive con la máxima intensidad entre uno y tres años. Un niño de esta edad necesita orden y estabilidad en el ambiente que lo rodea. Es capaz de disfrutar ordenando sus juguetes y su ropa. Cuando se acostumbra, tiende a mantener el orden en sus cosas como un juego más y sentirá satisfacción al hacerlo. Es imprescindible que los adultos le sirvan de modelo repetidas veces.

OBEDIENCIA: Este hábito se vive con mayor fuerza antes de los seis años. Si bien el niño está predispuesto a obedecer, ha de hacerlo en forma inteligente y libre. Para que la obediencia sea una virtud, debe apoyarse en el reconocimiento de una autoridad coherente, ejercida con fortaleza en un clima de confianza y cariño.

SINCERIDAD: El Período Sensitivo de la sinceridad se vive entre los tres y los nueve años. Pueden destacarse dos períodos: el primero se vive de una forma intensa entre los tres y los seis años y el segundo, como consecuencia de la justicia, entre los seis y lo nueve. Durante la primera etapa, la sinceridad se da como una inclinación natural: desde los primeros momentos distinguen intuitivamente entre la verdad y la mentira, por eso tienden a ser sinceros. Es una costumbre que se debe fomentar con la actitud consistente de los adultos en las pequeñas y grandes circunstancias de la vida cotidiana. Es muy importante poner todos los medios para que los hijos digan siempre la verdad.

AMOR A DIOS: Hasta los seis años, aproximadamente, el niño tiene una predisposición natural para reconocer y aceptar la existencia de Dios. Para lograr un trato confiado y sincero es esencial el ejemplo y la actitud de sus padres.

PRÁCTICAS DE PIEDAD: Los primeros años de vida son esenciales para adquirir la costumbre de tratar a Dios, a la Santísima Virgen y los ángeles custodios. Las primeras oraciones vocales se grabarán para siempre en su cabeza y en su corazón. Besos, miradas, jaculatorias y oraciones contribuirán a consolidar la vida de fe.

GENEROSIDAD: Este Período Sensitivo se vive con intensidad entre los siete y los once años, cuando los niños experimentan el impulso de ser generosos, prestar servicios y ayudar. Como esta virtud está estrechamente vinculada con la felicidad de la persona, es fundamental enseñar a los hijos a reconocer las necesidades de los demás. Son actos de generosidad el saber escuchar, perdonar, dar las gracias y colaborar. Es difícil apreciar objetivamente la generosidad de un acto porque depende más del esfuerzo y los motivos que de la apariencia exterior.

LABORIOSIDAD: Entre los siete y los doce años, es el mejor momento para desarrollar este hábito, de manera que comprendan que el hecho de hacer las cosas bien, con esfuerzo, tiene la recompensa en sí mismo. Para adquirir esta virtud debemos aprovechar en esta etapa Instintos Guía, como las ganas de ayudar, el afán de aprender, el afán de superación, el deseo de ser apreciado y la tendencia a la curiosidad.

RESPONSABILIDAD: La mejor edad para arraigar esta virtud es entre los siete y los once años, cuando se potencian los Instintos Guía del amor a la justicia, la disposición a ayudar, las ganas de aprender y el deseo de ser valorado. Estas tendencias naturales cooperan directamente con la necesidad de cumplir con el deber elegido o asumido y posibilitan el cumplimiento de los compromisos con perfección. Si se adquiere un alto concepto de la responsabilidad en esta etapa, se facilitará el comportamiento positivo durante la pubertad y la adolescencia.

FORTALEZA: Entre los siete y los doce años es necesario ayudar a los hijos a adquirir capacidades muy importantes para enfrentar la vida. La voluntad para luchar y la capacidad de sacrificio serán esenciales para concretar su proyecto de vida. Habrá que facilitar que se entrenen diariamente en multitud de pequeños vencimientos que significan postergar la gratificación, para que aprendan a valorar el esfuerzo.

PERSEVERANCIA: Este hábito consiste en hacer todo lo necesario para llevar adelante la decisión que se ha tomado. Entre los siete y los once años está íntimamente relacionada con la laboriosidad, la responsabilidad y la fortaleza. Ante las dificultades internas y externas que surjan, es fundamental enseñar a no desalentarse y volver a empezar cuando sea necesario.

Disfrutar con los hijos

La neurología asiste a una revolución tecnológica que permite ahondar, cada vez más, en los conocimientos que se tienen acerca del cerebro y su funcionamiento. De alguna manera, padres, educadores, pedagogos, orientadores familiares, sacerdotes... tendrán que trabajar conjuntamente para completar el impresionante rompecabezas que implica el fenómeno educativo. Sin lugar a dudas, las investigaciones recientes permiten avalar las ventajas del aprendizaje temprano. Creemos que esta realidad, lejos de agobiarnos, no hace más que contribuir a la necesidad de valorar cada minuto que pasamos con nuestros hijos para:

- Demostrarle nuestro amor ya antes del nacimiento y hablarle cuando se mueve, como si oyera los comentarios. Tocar el vientre siguiendo su cabeza y los pies.
- Mirarlo, besarlo, sonreírle, cantar y jugar con él desde el momento en que nace, es una manera de que nuestra atención desarrolle su seguridad y lo capacite para explorar el mundo.
- Tranquilizarlo con nuestra presencia, afecto y ternura.
- Hablarle desde el primer día y explicarle cómo hacemos las cosas.
- La música suave ayudará a cultivar su sensibilidad estética.
- Hacerlo reír con cosquillas suaves, gestos y cambios de voz.

- Ponerlo en el suelo para que se arrastre, gatee y tenga libertad de movimiento.
- Contarle historias, cuentos y anécdotas.
- Mostrarle imágenes de libros, revistas y fotografías familiares.
- Responder «seriamente» sus preguntas en cuanto comience a hacerlas.
- Dejarlo correr y jugar para perfeccionar su motricidad y lograr de esta manera el control de los pequeños movimientos.
- Aprovechar los juegos de mesa para desarrollar su capacidad lógica y su memoria.
- **Disfrutar con todo y, sobre todo, hacerlo disfrutar a él.**

Durante los primeros años, nuestros hijos disponen de un potencial que no volverán a tener en toda su vida. Está demostrado que una actuación adecuada y sistemática, en un clima de serenidad y cariño, contribuye a desarrollar sus enormes capacidades.

Actuar a tiempo, además de producirnos una enorme satisfacción, nos facilitará educar hijos que sepan relacionarse con los demás. Disfrutarán aprendiendo porque han

desarrollado su creatividad y saben jugar. La probabilidad de que se transformen en adultos capaces de concretar lo que elijan se verá enormemente incrementada.

PLAN DE ACCIÓN

«Un camino nuevo cada día»

Situación: Florencia y Pablo se casaron hace 10 años y viven en el centro de la ciudad. Sus hijos Matías y Tomás tienen 5 y 4 años, respectivamente. Hace un tiempo han descubierto la necesidad de formarse como padres al asistir a un programa intensivo organizado por el jardín de infantes al que concurren sus hijos. El proyecto educativo procura una formación integral. En este caso deciden estimular la inteligencia de sus hijos, buscando desarrollar la memoria, la imaginación y la creatividad.

Objetivo: Estimular la inteligencia de Matías y Tomás.

Medios: Paseos de aprendizaje. Enseñarles a «mirar» el mundo que los rodea, aprovechando la circunstancia de que todas las tardes vuelven caminando del jardín de infantes. Les nombrarán cosas nuevas, deteniéndose para observarlas. Si notan un clima propicio, también les harán preguntas.

Motivación: El camino hacia el jardín es el momento para descubrir las «novedades» que les irá comentando a los chicos mientras vuelven a casa. Mamá mira atentamente para seleccionar aquello que puede entusiasmar a sus hijos.

Historia: Fueron varios los posibles caminos de regreso. Por uno de ellos pasaron ante una veterinaria. Fue la oportunidad para observar los cachorros de diferentes razas, los canarios, los jilgueros, los loritos y, por supuesto, los famosos hámster. Otro día descubrieron las flores de los balcones, aunque por ser otoño no había muchas. Cuando desconocían sus nombres se acercaban a los porteros para preguntarles. También se detuvieron en los puestos de flores buscando información y, al alejarse, jugaron a recordar los nombres nuevos.

RESULTADO: Los papás descubrieron que al preguntar ¿qué hace la florista?, ¿por qué hay encargados en los edificios?, ¿para qué está la veterinaria?, surgían respuestas muy interesantes. Además se obligaron a informarse sobre las diferentes razas y especies para motivar mejor a los chicos. Todos se divirtieron aprendiendo sobre perros y flores. Matías y Tomás quieren volver con amigos y compartir lo que saben.

PARA PENSAR
PARA ACTUAR...

Para recordar...

Educar a un hijo es enseñarle a usar bien su libertad y a ser responsable de sus actos.

Para leer...

Merche Bravo, Luís Pons, *La educación temprana de 3 a 7 años,* Col. Hacer Familia, Nº 43, Ed. Palabra.

El objetivo de este libro es ayudar a desarrollar el potencial intelectual y psicomotor a través de la estimulación temprana. Favorecer la creación de hábitos de conducta que le ayuden a adquirir virtudes cuando alcancen el uso de razón.

Para pensar...

La herencia más importante que podemos dejar a nuestros hijos es un conjunto de valores firmemente arraigados que les permitan llevar adelante su proyecto de vida y ser personas libres y responsables, es decir, felices.

Para hablar...

Temas para hablar entre los padres:

Los valores que serán la base del Proyecto Educativo Familiar.

Los Instintos Guía y los Períodos Sensitivos de los hijos para llegar a tiempo.

Hacer una lista de temas a prevenir con cada uno de los hijos y tomar decisiones conjuntas.

Temas para hablar con los hijos:

La verdadera amistad es un tesoro...

Su cuerpo tiene un gran valor...

Los monitores pueden crear adicción...

El alcohol y las drogas destruyen a la persona y a su familia...

Mantener a solas una conversación con un hijo, buscando el momento adecuado,

para reflexionar sobre estos temas y sacar consecuencias prácticas.

Para actuar...

UN PLAN DE ACCIÓN

«A dormir solo...»

SITUACIÓN:
Javier y Mónica son los papás de Marcos, que tiene dos años. La mamá está decidida a cambiar los hábitos de sueño de su hijo. Marcos no logra dormir sin que alguno de sus padres esté a su lado. Han aplicado varias técnicas sin conseguir buenos resultados.

OBJETIVO: Orden.

MEDIOS:
Lograr orden en los horarios y rituales previos al momento de irse a dormir. Establecer un horario para acostarse. La siesta sería a las dos de la tarde. Por la noche acordaron acostarlo a las nueve y organizaron una rutina para antes de ir a dormir:
- lavarse los dientes
- sacarse las pantuflas

- meterse en la cama
- rezar juntos
- leer un cuento
- beso de las buenas noches
- apagar la luz

MOTIVACIÓN:
La lectura de cuentos es una motivación en sí misma; Marcos disfruta muchísimo y es algo que sus padres hacen con entusiasmo. También hablaron con él explicándole la importancia de aprender a dormir solo ya que es muy bueno para él. También decidieron alentarlo cuando lo lograra.

HISTORIA:
El primer día, Marcos sorprendió a su mamá. Ella fue diciéndole con amor y delicadeza lo que tenía que hacer: «... y ahora vas a lavarte los dientes, y ahora te sacas las pantuflas, las acomodas cerca de la cama, etc.». Apagó la luz y para su sorpresa ¡se durmió!
Al día siguiente aplicó lo mismo para la siesta y a los veinte minutos apareció en el living. Lo acompañó nuevamente, apagó la luz y se fue. Lloró un rato largo pero no salió de su cuarto y, finalmente, se durmió.

El resto de la primera semana transcurrió en forma parecida. Algunas veces, Marcos necesitó de algunos muñecos para no «dormir solo».
La segunda y la tercer semana, el orden en los horarios fue mejorando progresivamente.

RESULTADO:
Si bien todavía le cuesta un poco conciliar el sueño, ya no se baja de la cama y, en definitiva, se duerme solo. Al dormir en su cuarto, en su cama y en los horarios establecidos, está más ordenado. Mónica ha organizado mejor los horarios de la comida y el baño. Marcos está más maduro e independiente, duerme mejor y sin levantarse de noche.

PARTE SEGUNDA "B"

Nunca será tarde para buscar un mundo mejor y más nuevo, si en el empeño ponemos coraje y esperanza.

Alfred Tennyson

VALORAR EL TIEMPO CON LA FAMILIA

Cómo adquirir hábitos

Hábitos, virtudes y educación

La palabra «educar» tiene numerosos significados: dirigir, encaminar, desarrollar, perfeccionar. Entre sus muchas acepciones existe una, inspirada en Aristóteles, muy apropiada para tratar nuestro tema: «educar es ayudar a los hijos a crecer en virtudes». Podemos completar este concepto recurriendo a san Agustín, que definió la virtud como «el arte de vivir bien».

La palabra valor no es sinónimo de virtud. La diferencia radica en que la virtud siempre nos orienta al bien, mientras que un valor puede ser bueno o malo. En términos generales, podemos definir la virtud como un hábito operativo bueno.

Los aprendizajes producen y refuerzan, con la repetición, la predisposición de la persona hacia esas conductas determinadas. Esta predisposición o hábito afecta a la totalidad de la persona, que es una unidad sustancial de cuerpo y alma.

Las modernas investigaciones en neurología, psicología y biología demuestran que los aprendizajes, valiéndose de la plasticidad cerebral, producen modificaciones en el cerebro, mediante la mayor o menor actividad neuronal requerida durante la repetición de actividades.

Adquirir un hábito supone, indudablemente, un esfuerzo. Una vez conseguido, los actos propios de ese hábito se ven enormemente facilitados. Todo hábito deja una huella en la persona.

Cómo se adquiere un hábito

La repetición de actos no siempre es suficiente para adquirir un hábito. Es necesario que la persona que los hace quiera hacerlos; cuando los actos son coaccionados, generalmente, no se logra el hábito. La intención del acto tiene más influencia en la adquisición del hábito que la repetición en sí misma. Los hábitos se adquieren por medio de: «actos libres repetidos con esfuerzo». Un acto libre es aquel realizado de manera consciente y voluntaria, es decir, querido por la persona que lo hace.

El hábito de realizar una buena acción puede ser pervertido por una intención moralmente mala. El hábito de realizar una mala acción es siempre malo, es un vicio, con independencia de la intención de la persona que lo realice.

El esfuerzo para realizar el acto será mayor al principio. Cuando sea menos necesario, es decir, cuando adquirimos la facilidad para actuar en ese sentido, el hábito se habrá conseguido o estamos en buen camino para lograrlo.

El aprendizaje requiere atención y conciencia. Si el nivel de atención para conseguir el hábito es bajo, necesitaremos mayor número de repeticiones, e incluso puede no llegar a configurarse.

Hemos utilizado los términos: libertad, bueno y malo. Es importante que los hijos tengan estos conceptos muy claros. En un lenguaje propio para hablar con ellos, podemos darles las siguientes definiciones:

Libertad: es la capacidad de dirigir la propia vida, de ser dueños de nuestros actos. Es la capacidad de elegir.

Acto bueno: es todo acto humano, consciente y libre, que nos mejora como personas.

Acto malo: es todo acto humano, consciente y libre, que nos hace peores personas.

Será bueno tener muy claro que:

- Si decidimos hacer el bien, seremos más libres, ganaremos libertad.
- Si decidimos hacer el mal, nos atamos a él, perdemos libertad.
- Lo que nos gusta, los que nos sienta bien, solamente será bueno si nos mejora como

personas y no por el mero hecho de que nos apetezca.

- Los términos bien y mal son términos objetivos y no somos las personas las que decidimos o nos ponemos de acuerdo sobre su bondad.

El grado de dificultad para adquirir un hábito variará con relación al tiempo transcurrido desde el Período Sensitivo, pero siempre puede adquirirse un hábito, si se ponen los medios y el esfuerzo necesarios. El hombre es mucho más que herencia genética y educación, es cuerpo y alma, biología y espíritu y, por sobre todas las cosas, es libre.

Si nuestros hijos han adquirido el hábito del orden o de la sinceridad, no significa que siempre serán ordenados o sinceros. Al ser libres, algunas veces podrán actuar en sentido contrario a sus hábitos y ser desordenados o faltar a la verdad.

El primer paso para educar en virtudes es ayudar a los hijos a adquirir hábitos buenos desde que son pequeños. Estos hábitos pueden referirse al cuerpo, a la inteligencia o a la voluntad.

Ejemplo de hábito referido al cuerpo:

Aprender a andar en bicicleta a los 5 años es sencillo: el cuerpo del niño está preparado para hacerlo, porque se encuentra en el Período Sensitivo del equilibrio. Esta actividad se transforma en un acto consciente y querido, y, por lo tanto, libre. Con el transcurrir del tiempo, estará menos pendiente de la bicicleta y podrá observar el entorno, seguir a otro, competir. Significa que ha adquirido el hábito y la huella en el cerebro será permanente. Aunque no practique con frecuencia, siempre podrá retomar esta actividad.

Ejemplo de hábito referido a la inteligencia:

El hábito de la lectura es una actividad humana, no innata, que exige un arduo ejercicio intelectual. Algunos niños llegarán a ser magníficos lectores por sí mismos, por sus cualidades, su entorno e intereses. Otros necesitarán estímulos, orientaciones y un gran esfuerzo para lograrlo. La capacidad lectora se desarrolla con los hábitos que se relacionan con la afectividad, la sensibilidad y la capacidad de interiorización. Seremos los padres, en el ámbito familiar, quienes podremos facilitar ese acercamiento afectivo e intelectual de nuestros hijos a los libros.

Ejemplo de hábito referido a la voluntad:

Un niño que aprende a decir la verdad durante el Período Sensitivo de la sinceridad (entre los 3 y los 9 años), tenderá a ser sincero como algo natural. Por el contrario, los que no han vivido bien este Período Sensitivo tienen que poner un gran esfuerzo para decir la verdad, por ejemplo, ante una situación que los puede poner en evidencia. Los hábitos morales o de la voluntad también dejan huella.

Los hábitos y la organización cerebral

Hemos dicho que los hábitos se alcanzan por la repetición de actos conscientes. Estos actos pueden ser de muy diverso tipo, desde los más sensibles, como los motores, hasta los más espirituales, como las virtudes. Todos dejan una huella en el cerebro. El desarrollo neurológico depende de una estimulación que debe adaptarse al período madurativo en que se encuentra el niño. Para lograr que los hábitos arraiguen en su conducta, será necesario estimularlos de acuerdo a sus posibilidades, proponiéndoles metas accesibles y aprovechando los Períodos Sensitivos.

Esto incide en la configuración del cerebro, creando circuitos de neuronas que facilitarán las operaciones relacionadas con el hábito que estamos inculcando. En otras palabras, la repetición de un mismo tipo de acto crea una marca o surco permanente en el cerebro, hoy comprobable con los sistemas de diagnóstico por imágenes.

Santo Tomás de Aquino afirmó que las virtudes adquiridas conforman una «segunda naturaleza» en la persona, de manera que, al ejercitarlas, lo hace con mayor facilidad y agrado. Esta facilidad procede, no solo de los actos reiterados de la voluntad, sino también de la predisposición biológica que se adquiere con la formación de los circuitos neuronales mencionados.

El hábito es una adquisición individual que se obtiene mediante un aprendizaje. Es una reacción aprendida que supone la tendencia a repetir ciertas acciones bajo las mismas o similares circunstancias. Cada acto volitivo que el hombre ejerce, sea bueno o malo, deja una huella en las células de su cerebro y en su alma, de manera que, cuanto más repite esa acción, es más intensa y progresiva su inclinación a repetir ese acto.

Los hábitos deben ir acompañados por una decisión de la voluntad, sobre todo, los más espirituales, que siempre requieren un renovado esfuerzo para arraigarlos. Mientras más se asciende desde los hábitos sensibles (motores) a los espirituales (virtudes), mayor será la energía (fuerza de voluntad) requerida para conseguirlos.

Los hábitos adquiridos en la niñez se transforman en virtudes cuando son asumidos libre y conscientemente, con el uso de razón. La libertad hace posible que una persona, en cualquier momento de su vida, decida conscientemente no ejercer un hábito o virtud. Si lo adquirió en el Período Sensitivo correspondiente, dispone de una estructura orgánica que le permitirá recuperarlo con facilidad.

«Los hábitos de control emocional que se repiten una y otra vez a lo largo de toda la infancia y la pubertad van modelando las conexiones sinápticas. De este modo, la infancia constituye una oportunidad crucial para modelar las tendencias emocionales que el sujeto mostrará durante el resto de su vida, y los hábitos adquiridos en esta época terminan grabándose tan profundamente en el entramado sináptico básico de la arquitectura neuronal, que después son muy difíciles de modificar» (Daniel Goleman).

Los primeros años son básicos en la estructuración de los hábitos, porque constituyen, sin duda, la época más plástica de la vida. La plasticidad del sistema nervioso no es igual en todas las edades, por eso insistimos en la importancia de conocer y actuar durante los Períodos Sensitivos. Es el momento ideal, aunque, como ya dijimos, siempre es posible adquirir un hábito si la persona se lo propone.

Será bueno recordar que:

- Los hábitos que se constituyen durante los primeros años son la base para el desarrollo óptimo de las capacidades intelectuales superiores.
- Orden, obediencia y sinceridad son los primeros hábitos que luego, con el uso de razón, pueden llegar a ser virtudes.
- Es mejor instalar hábitos correctos que modificar malos hábitos.
- Para erradicar un hábito malo hay que centrar la atención en educar en el hábito bueno contrario.

El hábito bueno, una vez adquirido, genera los siguientes efectos:

- Mayor perfección por ser repetido frecuentemente.
- Mayor rapidez al economizar tiempo.
- Menor atención al ser menos consciente.

- Mayor facilidad para actuar en ese sentido.
- Mayor satisfacción por obrar bien.

PLAN DE ACCIÓN
«Decir la verdad»

Situación: La familia de Magdalena está compuesta por papá, mamá y tres hermanos. Ella es la segunda y ya tiene seis años. Sus padres han observado que no siempre dice la verdad. Algunas veces busca llamar la atención y otras, eludir sus obligaciones.

Objetivo: Aprender a ser sincera.

Medios:

- Le contarán la fábula del pastor y el lobo.
- La elogiarán cada vez que diga la verdad.
- Resaltarán en la vida diaria las «ventajas» de ser sincera.

Motivación: A Magdalena le encantan las historias y, sobre todo, si es su mamá quien se las cuenta. El libro de las fábulas de Esopo es muy atractivo, y la niña sabe que su madre lo leía cuando era pequeña. Otra motivación importante será la alegría que demostrarán sus padres cada vez que los chicos digan la verdad, poniendo especial atención a Maggie.

Historia: Magdalena entendió muy bien la fábula del pastor y el lobo. La madre dramatizó la escena con gestos y cambios de voz. La niña se dio cuenta de que si no hacía un esfuerzo por decir la verdad, no creerían en su palabra. Como muchas veces el objetivo de Maggie era demandar atención, su mamá dedicó más tiempo para estar con ella y descubrió muchas oportunidades para elogiarla. Revisaron juntas los encargos e hicieron un nuevo listado para ponerlo en el corcho del dormitorio. Sirvió de oportunidad para recortar, en revistas viejas, figuras que recordaran las tareas a realizar: pegaron un cepillo de dientes, una muñeca para acordarse de ordenar los juguetes, unos zapatos para guardarlos en su sitio y una imagen de la Virgen para no olvidarse de rezar.

Resultado: Este Plan de Acción ayudó a Magdalena a afianzar la idea de que decir la verdad siempre es bueno y, sobre todo, nos pone contentos.

Jugar con los hijos

Prevenir jugando

La Educación Preventiva nos propone adelantarnos con nuestra acción educativa, llegar antes para evitar problemas que aún no han aparecido y que, de este modo, probablemente, ni siquiera se presenten alguna vez.

Jugar con nuestros hijos durante los primeros años tiene un papel muy importante dentro de la Educación Preventiva. Veamos algunos ejemplos:

- Mirar, escuchar, apretar, palpar, morder… permitirá el desarrollo de los sentidos.
- Gatear, caminar, correr, trepar… logrará la adquisición y el control de los movimientos del cuerpo.

- Encajar, superponer, apilar, construir... desarrollará la concentración, la habilidad manual y el dominio de los movimientos coordinados de los ojos con la mano, además de la creatividad.
- Jugar a guardar los juguetes será un excelente medio para educar en el orden y la obediencia.
- Juegos de imágenes y palabras ayudarán a potenciar la memoria.
- Imitar a los adultos, dramatización con disfraces... estimulará la imaginación, el lenguaje y la socialización.
- Canciones, audiciones musicales e instrumentos de juguete les permitirán introducirse en el mágico mundo de la música.
- Triciclos y remolques favorecerán la organización espacial.
- Caminar sobre una raya, patines y bicicleta centrarán el equilibrio.
- Juegos con reglas permitirán el aprendizaje de normas sociales.
- El gusto por la actividad física y los deportes facilitarán el buen uso del tiempo libre

en la adolescencia y la adquisición de virtudes como el compañerismo, la tenacidad o la justicia.

El juego, sobre todo en la primera infancia, es esencial para el desarrollo integral de nuestros hijos.

Nivel	Acción	Objetivo
CUERPO MOTRIZ	ADIESTRAR	DESARROLLO
INTELIGENCIA COGNITIVO	INSTRUIR	DESARROLLO
VOLUNTAD	EDUCAR	HÁBITO Y VIRTUDES

Importancia del juego en la infancia

Jugar con nuestros hijos es casi tan importante para su desarrollo como una adecuada alimentación. Sin embargo, la búsqueda de un tiempo en nuestra jornada para jugar con ellos no siempre es una tarea fácil. A los padres nos puede resultar un esfuerzo extra en una vida en la que cada día está más presente el estrés y menos el tiempo libre. Es interesante darnos cuenta de que, entre fines de semana, feriados y vacaciones, disponemos de un tercio de los 365 días del año para compartir intensamente con nuestros hijos.

A veces podemos caer en el error de pensar que nuestros hijos pequeños son unos seres que están en una antesala, a la espera de ser lo suficientemente mayores para comenzar nuestra tarea educativa, y no nos damos cuenta de que los primeros años de su vida son fundamentales para asentar las bases de su futuro.

El juego tiene una función particular para los niños: jugar es aprender sobre el mundo que los rodea, sobre los objetos que existen y su uso, sobre sí mismos y sobre los demás. El juego permite al niño sentirse causa, ejercer sus poderes, ver concretada su capacidad de producir algo y, de esta manera, incrementar su autoestima, su imaginación, su desarrollo intelectual y motriz.

Es una fuente inagotable de aprendizaje y ensayo de la vida que prepara a los niños para la madurez en una mezcla agradable del pasado, presente y futuro. Los pequeños que juegan al carpintero, a la modista, al agricultor, a la doctora, al arquitecto, a la maestra, al bombero, se inician en las actividades de los adultos a modo de ensayo, tantean sus capacidades, investigan su vocación. Más allá de ser un mero pasatiempo o diversión, el juego hoy se considera un aprendizaje esencial para la vida adulta.

¿Qué hacen nuestros hijos en la primera etapa de su vida? Los primeros meses, dormir y comer, después ríen, andan, hablan y, durante todo este tiempo, ¡juegan! Su actividad es el juego, su «trabajo» es jugar. Los niños necesitan jugar, como medio de expresión, aprendizaje y desarrollo. El juego es algo muy serio para ellos, es la vía para canalizar sus dudas, sus preocupaciones, su curiosidad.

Por medio del juego aprenden las bases para ser niños ordenados, obedientes, sinceros, creativos, imaginativos. Por medio del juego podemos empezar a transmitir virtudes a nuestros hijos ya que, como dijimos anteriormente, los hábitos inculcados desde esta temprana edad son cimientos sobre los que iremos desarrollando su personalidad.

Su mundo es distinto al nuestro, las posibilidades que les brinda la imaginación son mucho más creativas e inesperadas que la realidad de cada día. Un rasgo característico del juego de nuestros hijos es su interés por todo lo que los rodea, lo que les impulsa a construir una realidad propia más «lógica» y a invitarnos a compartirla con ellos.

Para jugar con los hijos es fundamental:

- Sentirnos parte: si nos consideramos solo espectadores, no podremos entender el juego y mucho menos participar de él. Debemos tener en cuenta que los padres juegan de forma distinta a como lo hacen las madres. Así, mientras ellas tienen mayor facilidad para comer en pequeños platitos, para ellos es más sencillo tirarse al suelo en cuatro patas y fingir ser un caballo. La participación de ambos es muy importante para el desarrollo del hijo.
- Ponernos a su altura: más de una vez supondrá colocarnos en cuatro patas, «comer» sopa de agua y creernos de verdad que somos la hija de la muñeca.

- Respetar su tiempo de juego con nosotros: este debe ser un espacio inamovible en nuestro horario. Aunque solo sea media hora antes de dormir, hay que convertir ese rato en una aventura intensa, exclusiva y libre de preocupaciones.
- Ayudarlos a ejercer su libertad y creatividad: permitiendo que sean ellos los protagonistas del juego. Será su decisión si el camión de bomberos va a salvar un gato o apagar un incendio, dónde irá la muñeca y qué se pone para el paseo. Nosotros podremos aportar ideas, opciones, resolver dudas, proponer pautas, pero sin coartar su fantasía, expresividad, imaginación y creatividad.
- Entrar en su mundo: para dejarnos arrastrar por su lógica infantil, buscando entender y acomodarnos a su juego.

Tener un tiempo para jugar con los hijos nos permite conocerlos, observar cómo se desenvuelven y actúan. Es un tiempo para formarlos en la aceptación de reglas, infundirles la tolerancia frente a las frustraciones, para enseñarles a perder y a ser generosos si ganan;

pero, sobre todo, para disfrutar con ellos este paréntesis de la vida.

Si queremos saber cómo son nuestros hijos desde muy pequeños, tenemos que observarlos hacer lo que a ellos más les gusta, ¡Jugar! Cada niño posee una individualidad muy particular y, al jugar, expresan su propia forma de ser y las características de su futura personalidad. Al jugar con nuestra hija de 4 años, por ejemplo, podemos darnos cuenta si está orientada a ser líder o seguidora, observando la forma en la que ella misma conduce sus juegos. Si necesita motivación para entrar en acción, entonces tendremos que reforzar la confianza en sí misma.

Conoceremos el temperamento de nuestros hijos, por ejemplo, al jugar con bloques y observar el empeño que ponen para terminar cada figura que comienzan. Hay algunos que son testarudos y no paran hasta colocar el último bloque. Esto es bueno, ya que indica que serán perseverantes. Si, por el contrario, se da por vencido demasiado pronto, tendremos que trabajar sobre su voluntad.

Todo esto solo puede descubrirse al jugar con ellos. Hábitos como el orden pueden enseñarse y sembrarse en sus primeros tres años a través de los mismos juegos. Cada vez que se termina de jugar, es necesario recoger y dejar todo en su lugar. ¡Qué maravillosa experiencia cuando enseñamos el orden a nuestros hijos a través del juego!

Los niños pequeños no tienen un lenguaje fluido para expresarse. El juego es la vía ideal para transformar sus sentimientos y emociones en acciones. Al observar jugar al pequeño con títeres o muñecos, por ejemplo, podemos darnos cuenta de cómo se siente, qué le pasa, si algo le genera un conflicto.

Los juegos también nos cuentan sobre la etapa del desarrollo en la que se encuentra, ya que estos van variando a medida que el niño crece, porque se amplían sus intereses y habilidades.

En los primeros tres años es fundamental que los padres dediquemos tiempo exclusivo a jugar con nuestros hijos, ya que, en este período, los niños aún no saben jugar con sus padres, juegan de manera «paralela». Compartir el espacio de juego con ellos nos permite ponernos a «su altura» y lograr una sintonía muy especial que fortalece el vínculo. Diversos estudios han demostrado que los padres que se relacionan con sus hijos en la infancia a través del juego, han tenido menos problemas para vincularse con ellos en la etapa de la adolescencia.

A través de los juegos, estamos enseñando a nuestros hijos a:

- Ser sociables, a compartir, a dar amor, a controlar las emociones.
- Estimulamos la generosidad, ya que estamos brindando nuestra atención y tiempo. Le pertenecemos a nuestro hijo en ese momento.
- Desarrollamos su inteligencia al dar instrucciones claras en los juegos, que los lleva a desarrollar un sano autoconcepto de sí mismos al sentirse capaces.
- Pasamos a ser un modelo de padre o madre distinto, que juega con sus hijos, que hace una diferencia al abrirse al amor en acciones concretas.

- Enseñamos a disfrutar el don de la vida, al jugar alegre e intensamente con ellos, transmitiéndoles seguridad y cariño, alegría y buen humor.

Desde el primer día

Desde el momento en que un bebé nace, de manera intuitiva y natural, la mamá empieza a jugar con él, con sonrisas, miradas, palabras, caricias ante las cuales el bebé reacciona.

Los juegos que surgen espontáneamente a la hora del baño, al cambiar los pañales o a la hora de comer ayudan al bebé a tomar conciencia de su cuerpo, a sentirse querido, valorado y contenido, a aprender a esperar, por ejemplo, la cuchara que llega a la boca.

El juego espontáneo en esta primera etapa nos permite conocer al bebé, saber qué le gusta y fomentar las bases del vínculo que durará toda la vida.

El juego comienza cuando mamá o papá nos escondemos tras un pañal y luego aparecemos para escuchar cómo brota repentinamente la carcajada del bebé. Juego que se repite una y otra vez y que, invariablemente, provoca la misma reacción en el pequeño. A través de este juego, el bebé va descubriendo que mamá y papá pueden ausentarse por períodos más o menos cortos, pero que luego regresan invariablemente. Más adelante será él mismo el protagonista de la acción, y pasará horas tirando al suelo objetos para que mamá o papá se los recojan y así poder volverlos a tirar.

Alrededor de los 2 años le encanta jugar con cacharritos y construcciones, con cubos y juegos de encaje. Envases de yogures vacíos, cajas, broches de colores, revistas y trozos de tela desarrollan su creatividad e imaginación. Las salidas al campo le permitirán correr, recoger hojas del suelo, oír el viento, ver el sol, los colores, en resumen gozar de la creación. En los viajes podrá cantar, ver paisajes, reconocer animales, disfrutar de los olores del campo y los colores de una puesta de sol. De esta manera estamos educando su sensibilidad y su capacidad de observación.

Llegamos a los 4/5 años y entramos en la etapa del «juego en serio», donde empezamos a preparar a futuros «estudiantes»» y «profesionales». Es la edad del juego por excelencia, porque coincide con algunos Instintos Guía: el afán de imitar, el ansia de repetir, la constante actividad y la satisfacción de aprender. Nuestros hijos aprenden jugando, su experiencia y conocimiento se basan en el juego. Todo se puede plantear como un juego: vestirse, ordenar su cuarto, pintar, usar plastilina, hacer puzzles, etc.

Por medio del juego aprenden a elegir, a responsabilizarse, a guardar cuando terminan. También es importante fomentar juegos como el veo-veo, adivinanzas, trabalenguas y los tradicionales juegos de mesa, en los que participa toda la familia.

Juego y personalidad

El modo de intervenir en las experiencias de juego con nuestros hijos influye en el desarrollo de su personalidad.

Si en el juego les brindamos todas las respuestas para que la resolución del desafío les implique el mínimo esfuerzo, estaremos fomentando una personalidad pasiva y receptiva, que no sentirá necesidad de esforzarse para llegar a un objetivo.

Si el juego es demasiado complejo, les resultará inabordable y les llegará una imagen del mundo como un lugar difícil de acceder, generándoles, en consecuencia, frustración e inseguridad.

Si, en cambio, les presentamos las experiencias en términos de desafío, estando a su disposición para lo que necesiten pero invitándolos a que intenten una y otra vez resolver el problema bajo el mensaje de que ellos pueden lograrlo, los estamos valorando como personas y se sentirán merecedores de dicha confianza, lo cual favorecerá una personalidad más íntegra.

El punto de partida para saber qué es lo mejor para ofrecerles en cada etapa de su desarrollo es detenernos, observar a nuestros hijos y brindarles el espacio para que nos muestren qué necesitan.

Juguetes, juguetes... y más juguetes

La sociedad en la que nos toca vivir ha experimentado muchos cambios. Vivimos a otro ritmo, tenemos más exigencias y el consumo tiene una fuerte influencia en nuestras vidas. Nuestras acciones se encuentran, inevitablemente, influenciadas por la época y la cultura en la que vivimos. Todos estos factores inciden en la comunicación con nuestros hijos y, obviamente, en el modo de educarlos. Educar hoy es diferente y, ante nuevos desafíos, deberemos encontrar nuevas respuestas.

La necesidad de que a nuestros hijos no les falte nada y la influencia de los medios de comunicación nos pueden conducir muchas veces a una compra de juguetes, sin la necesaria reflexión. ¿Qué valores estamos transmitiendo con esta actitud?

Como ya dijimos más arriba, es conveniente buscar juguetes que estimulen la imaginación y la creatividad. Deben ser medios pedagógicos que ayuden a desarrollar su capacidad mental, a ampliar su lenguaje, a mejorar su coordinación, habilidad y destreza manual; deben ayudarlos a aprender reglas sociales, a incorporar hábitos educando su voluntad. Es muy importante, a la hora de regalar un juguete, tener en cuenta la edad del niño, su nivel evolutivo, sus necesidades y sus gustos.

Su personalidad se irá desarrollando al ofrecerle un juguete por vez, con tiempo, para que pueda explorarlo, descubrir así diferentes juegos o actividades por sus propios medios. (Una buena receta es darle espacio para poder elegir y aprender a esperar.)

No debemos olvidar que nosotros, sus padres, somos su juguete preferido, nada puede reemplazarnos. Papá y mamá unen el afecto con el aprendizaje transformando las experiencias compartidas en algo verdaderamente valioso y enriquecedor.

No olvidemos que:

- Enseñando a jugar a nuestros hijos, los estamos preparando para estudiar y trabajar.
- El aprendizaje en la primera infancia se logra, fundamentalmente, a través del juego.

- Jugar con nuestros hijos nos acerca a ellos.
- Es preferible una caja, una tela, un envase, que el último juego electrónico.
- Es más valioso jugar que mirar televisión.
- El mejor juguete de los hijos somos los padres.

La Cuaresma en familia

Qué es la Cuaresma

La Cuaresma es un tiempo litúrgico de conversión. Así como Jesús pasó cuarenta días en el desierto antes de emprender su misión, así también la Iglesia nos invita a prepararnos para la gran fiesta de la Pascua, cuando experimentaremos la alegría de la Resurrección. Es un tiempo de reflexión, de renovación interior, de conversión espiritual y de preparación para el misterio pascual, mediante la escucha de la Palabra de Dios, la oración y la penitencia. El Papa Benedicto XVI nos dijo: «La Cuaresma es el tiempo privilegiado de la peregrinación interior hacia Aquel que es la fuente de la misericordia. Es una peregrinación en la que Él mismo nos acompaña a través del desierto de nuestra pobreza, sosteniéndonos en el camino hacia la alegría intensa de la Pascua».

Escuchar la Palabra de Dios, rezar, acercarnos al prójimo y hacer buenas obras es el camino hacia Jesucristo que la Iglesia nos propone vivir durante estos días. Es un tiempo de cambio y de esperanza creciente, porque procura arraigar en nosotros esa serie de actitudes cristianas que nos ayudan a parecernos más a Jesús. La Cuaresma es un tiempo de penitencia para vivir con el espíritu de los hijos de Dios y así profundizar en su conocimiento y en su amor, confiando cada vez más en su misericordia.

Durante este período especial de purificación, contamos con una serie de medios concretos que la Iglesia nos propone y que nos ayudan a vivir con piedad la Cuaresma:

- La oración: indispensable para el encuentro con Dios. Nos permite entrar en diálogo íntimo con el Señor y dejar que la Gracia penetre en nuestro corazón.

- La meditación de la Palabra de Dios: su escucha atenta dará fruto para nuestro vivir cotidiano.
- Los sacramentos de la Reconciliación y la Eucaristía: canales de la Gracia Santificante.
- La práctica del ayuno y la abstinencia: nos lleva a crecer en templanza y sobriedad.
- La limosna: nos permite ser generosos con los más necesitados.
- La mortificación y la renuncia en las circunstancias cotidianas: consiste en saber ofrecer molestias y contratiempos con especial humildad y vivir desprendidos de las cosas materiales.
- La caridad: vivida especialmente hacia nuestra familia y con aquellos que tenemos más cerca.

Este período de cuarenta días comienza el Miércoles de Ceniza, con un gesto significativamente simbólico: la imposición de las cenizas procedentes de los ramos bendecidos el domingo de Ramos del año anterior. Este rito nos recuerda la caducidad de la vida terrena, la condición débil del hombre, expresadas cabalmente en las palabras del Génesis que evoca el sacerdote al imponernos las cenizas: «Acuérdate, hombre, de que eres polvo y en polvo te has de convertir» (*Gn* 3, 19).

Al acercarnos a la Iglesia para que nos impongan la ceniza, expresamos con humildad y sinceridad que nos reconocemos pecadores y que estamos dispuestos a emprender el camino de la conversión cuaresmal. Convertirse es buscar el perdón de Dios en el sacramento de la Confesión, es volver nuestro corazón hacia Él para amarlo sobre todas las cosas.

La verdadera conversión se manifiesta en la conducta diaria: en el trabajo hecho con orden, puntualidad e intensidad; en la familia, mortificando nuestro egoísmo y creando un ambiente más grato en nuestro entorno; en la preparación y cuidado de la Confesión frecuente...

San Agustín nos dijo: «El Señor que te creó sin ti, no te salvará sin ti». En la obra de la redención, Él cuenta con nuestra correspondencia personal. Para salvarnos es necesaria la gracia de Dios y nuestra cooperación libre. La Cuaresma es, justamente, ese tiempo especial para aumentar nuestro amor a Dios y nuestra disposición de vencer el pecado.

El ayuno y la abstinencia

Desde el principio, la Iglesia propuso el ayuno como preparación para la Pascua. En el siglo IV comienza a configurarse el tiempo de Cuaresma y su principal característica, junto a la oración y a la limosna, es el ayuno. El tiempo de ayuno se fija en cuarenta días, conmemorando los cuarenta días y las cuarenta noches de ayuno que hizo Jesús en el desierto. También fueron cuarenta los días en que Moisés estuvo en el monte Sinaí sin comer ni beber.

El ayuno y la abstinencia son dos prácticas religiosas que están unidas a este tiempo litúrgico de penitencia y conversión.

Desde la época de la Iglesia primitiva, el ayuno ha tenido siempre un profundo sentido ascético. Consistía en la privación de alimentos relacionada con la oración y la limosna, lo que preservaba su rectitud de cara a Dios y al prójimo. Se evitaba así que se convirtiera en un puro formalismo externo, como el que tanto rechazaba Jesús en los fariseos de su tiempo.

La ley de abstinencia obliga a no comer carne desde los catorce años y a guardar el ayuno, entre los 18 y los 59 años cumplidos. La Conferencia Episcopal de cada país puede determinar con más detalle el modo de observar el ayuno y la abstinencia, así como sustituirlos en todo o en parte por otras formas de penitencia, sobre todo, obras de caridad y prácticas de piedad.

Son días de ayuno y abstinencia: el Miércoles de Ceniza y el Viernes Santo. Solo de abstinencia: todos los viernes del año. Los viernes que no pertenecen al tiempo de Cuaresma, puede sustituirse la abstinencia, según la libre voluntad de los fieles, por la limosna, obras de caridad, obras piadosas y mortificaciones.

Lo más importante al hacer este tipo de prácticas es darle su sentido verdadero: por una parte, someter la voluntad para fortalecerla con virtudes como la templanza, la sobriedad y la humildad y, por otra, favorecer el ejercicio de la caridad, pues todos los sacrificios que se hacen deben apuntar a hacer un bien o un servicio al prójimo y a toda la Iglesia. Hacer sacrificios y penitencia por costumbre o porque todos lo hacen no tiene sentido y no favorece el crecimiento interior de la persona.

Cómo vivir la Cuaresma con los hijos

Cuando los niños son pequeños y aún no han llegado al uso de razón, es necesario transmitir el espíritu de la Cuaresma con nuestras actitudes. Es el momento que vean a toda la familia más cerca de Jesús. Podemos proponernos hacer mejor nuestras oraciones diarias, enseñarles alguna oración nueva, hacer visitas a Jesús con ellos, rezar el rosario con frecuencia y en familia. Nuestro ejemplo será el modelo que ellos imiten.

Si ya son un poco mayores y han hecho, por ejemplo, la primera confesión, están en edad de comenzar a hablarles sobre el significado de la Cuaresma. Podemos fomentar las visitas a Jesús Sacramentado enseñándoles a hacerle compañía y a conversar con Él. Habrá que seguir insistiendo en los esfuerzos cotidianos por cumplir con alegría sus obligaciones y demostrar un mayor autodominio. Es, también, el momento de inculcar el aprender a perdonar de corazón a los demás.

A partir de los diez años ya pueden ser conscientes del sentido de la Cuaresma y de cómo vivirla. Deben descubrir, en este tiempo, la necesidad de acercarse mejor a los sacramentos, con mayor devoción y amor. Como padres, podremos acompañarlos y guiarlos para que vivan este tiempo con mayor intensidad.

Existen muchos imponderables en la vida cotidiana que nos brindan la ocasión de tener algo para ofrecer con paciencia y alegría. Dios nos pide nuestra donación constante y generosa en esos detalles de cada día.

Procuraremos desarrollar en los hijos el hábito de pequeñas renuncias que purifican el alma y nos acercan a Jesús, ya que esas molestias, soportadas por amor a Dios, son fuente de Gracia. Por ejemplo:

- Levantarse a una hora fija.
- Ser puntuales en el cumplimiento de sus deberes.
- Cuidar los pequeños detalles en cualquier actividad que desempeñen.
- Practicar la caridad y la delicadeza en la vida de familia y en el trato con los demás.
- Vencer la pereza que invita a dejar las cosas para después o para mañana.
- Hacer con amor las prácticas de piedad que forman parte de su vida espiritual.
- Cuidar sus pertenencias.
- Mantener el orden y guardar las cosas en su sitio.
- Y mil detalles más que cada familia sabrá descubrir para poner en práctica en el seno de su hogar. Aunque se trate de cosas pequeñas, su valor reside en hacerlas con amor.

ANÉCDOTA FAMILIAR
«Camino hacia la Pascua»

Cecilia se casó hace doce años con Jorge y han formado una hermosa familia con tres hijos «geniales». Siempre elige estas palabras al querer remarcar lo mucho que disfruta con los chicos.

Hace un tiempo, después de hacer un retiro espiritual, decidió darle al Señor verdadero protagonismo en su vida. Habló mucho con Jorge para que la acompañara en esta auténtica aventura del alma. Él, que la quiere mucho, le agradeció de verdad sus inquietudes... Surgió entre los dos un primer propósito: la cercana Cuaresma no sería un tiempo litúrgico más, tratarían de aprovechar a fondo está oportunidad de conversión que ofrece la Iglesia.

La clave era encontrar un modo de compartir la experiencia con sus hijos. En ese momento, José tenía 10 años, Lucía 9 y Pedro 4 años. Decidieron hablar con los mayores para saber si estaban dispuestos a acompañar a mamá y a papá en este proyecto. La primera sorpresa fue descubrir la buena predisposición de Lucía y las ganas de saber más que manifestaba José. Ambos habían recibido la Primera Comunión y estaban en condiciones de entender el significado de la Cuaresma. Cecilia puso manos a la obra y decidió organizar pequeños encuentros en familia para reflexionar sobre los temas que le parecían apropiados según el misal que tenía en casa.

Preocupada por utilizar un lenguaje accesible a todos, buscó material que la ayudara a vivir la Cuaresma en familia. Encontró un libro muy apropiado que leyó durante un buen rato. Eligió los temas, dando prioridad a un estilo infantil que también se adaptaba a Jorge y a ella. Recordaba haber escuchado que, para estar cerca de Dios, había que hacerse como niños... Del libro, que no era muy largo, seleccionó unas páginas que invitaban a «orar con los hijos camino de la Pascua». Inspirada en esas oraciones infantiles pero con un hondo significado, seleccionó tres temas: Jesús quiero revisar mi vida, Jesús quiero seguir tus pasos, Jesús quiero vivir como Vos. Le pareció que resumían muy bien el sentido de la Cuaresma como tiempo y oportunidad de intentar ver nuestro mundo con la mirada de Dios.

Se le ocurrió que podrían reunirse, los cuatro, un ratito cada semana y, después de leer unos versículos del Evangelio, proponer el tema para reflexionar cada uno interiormente. Cecilia armó el siguiente calendario:

Semana 1: Jesús, quiero revisar mi vida. Necesito que me ayudes a conocerme.

Semana 2: Jesús, quiero revisar mi vida. Muéstrame cómo cambiar para ser mejor hijo, hermano y amigo.

Semana 3: Jesús, quiero seguir tus pasos. Quiero aprender a perdonar y ayudar a los demás.

Semana 4: Jesús, quiero seguir tus pasos. Enséñame a rezar y a llamar Papá a Dios.

Semana 5: Jesús, quiero vivir como Vos. Ayúdame a pensar primero en los otros y acercarme al que me necesita.

Semana 6: Jesús, quiero vivir como Vos. Dame fuerzas para compartir mis cosas y acompañar al que sufre.

La experiencia fue muy enriquecedora para todos. Esa Pascua dejó una profunda huella en cada uno. Al rezar juntos, la familia se unió más y es una costumbre que hoy siguen practicando.

PLAN DE ACCIÓN
«Ayunar es más de lo que pensaba...»

Situación: Marina, la hija mayor de Horacio y Eugenia, tiene 13 años. En su colegio, la profesora de religión las animó a descubrirle otro sentido al ayuno de la Cuaresma. Quedó muy pensativa con algunas de las propuestas y quiso compartirlas con su familia. Esa misma tarde se lo comentó a su mamá y juntas deciden hacer un Plan de Acción para toda la familia.

Objetivo: Aumentar la vida de fe y crecer en templanza.

Medios: La profesora les había entregado una hoja donde se destacaban distintos modos de ayunar:

- Ayuna de juzgar a otros. Y llénate de Jesús que vive a tu lado.

- Ayuna de palabras hirientes. Y llénate de frases amables.
- Ayuna de enojos. Y llénate de paciencia.
- Ayuna de preocupaciones. Y llénate de confianza en Dios.
- Ayuna de quejarte. Y valora lo que te rodea.
- Ayuna de desaliento. Y llénate de esperanza.

Para Marina fue todo un descubrimiento, quedó asombrada al ver que el ayuno es mucho más que privarse de alimentos.

Motivación: Madre e hija prepararon unas tarjetas para cada miembro de la familia donde escribieron los distintos modos de ayunar. Después de la cena, en la sobremesa, las repartieron y las leyeron juntos. Cada uno de los hermanos reaccionó de diferente manera y hasta papá quedó conmovido. Después de intercambiar ideas que permitieron ahondar el sentido de la Cuaresma, cada uno guardó su tarjeta.

Historia: Durante las semanas siguientes, algunos esfuerzos fueron evidentes: Andrés, el más chico, intentaba dominar sus enojos cuando uno de los hermanos mayores lo sacaba de la computadora; Federico demostró saber decir frases amables dominando, algunas veces, las malas palabras. Papá se quejó menos de cansancio por su trabajo y mamá reforzó sus comentarios positivos hacia los demás. Marina, la promotora de este plan, demostró buen humor casi todos los días.

Resultado: Nadie volvió a mencionar las tarjetas, pero todos vieron los resultados en el ambiente familiar. Mientras se preparaban para la Pascua, estuvieron más contentos y más cerca de Dios.

PARA PENSAR PARA ACTUAR...

Para recordar...

Cada ser humano posee unas enormes posibilidades latentes, con frecuencia escondidas incluso para él mismo, y que necesitan ayuda para salir a la luz. Tiene que haber un impulso exterior, un modelo, una referencia que le haga sentirse capaz, que despierte sus inéditas energías (Alfonso Aguiló).

Para leer...

Fernando Corominas, *Cómo vivir la liturgia en familia,* Col. Hacer Familia, nº 90, Ed. Palabra.

El objetivo de este libro es ayudar a que crezca, cada día, el amor de los hijos a Dios y a la Virgen, y que la familia se sienta feliz viviendo la liturgia.

Para pensar...

Disponer de un tiempo para jugar con los hijos y consolidar una comunicación profunda, enriquece y beneficia a todos.

Aprender a vivir la Cuaresma en familia nos ayuda a descubrir el rostro de Dios y demostrarle con hechos nuestro amor.

Para hablar...

Habla con tu cónyuge sobre la necesidad de reservar un tiempo especial para jugar y disfrutar con los hijos.

Descubran juntos cómo profundizar la vida de fe con los hijos durante la Cuaresma aprovechando este tiempo de reconciliación.

Para
actuar...

UN PLAN DE ACCIÓN

«Sácale jugo al tiempo libre»

SITUACIÓN:

La familia Suárez está integrada por un matrimonio, Federico y Camila, y sus tres hijos, María de 14 años, Martín de 12 y Clara de 10. Este es un plan para Clara que acaba de cumplir años y recibió como regalo un libro llamado «¡Sácale jugo al tiempo libre!» (*).

OBJETIVO:

Hacer buen uso del tiempo libre.

MEDIOS:

Aprovechar el libro que le regalaron y la proximidad de las vacaciones para que Clara descubra todo lo que puede hacer en su tiempo libre.

MOTIVACIÓN:

A Clara le encanta leer, ese ya era un punto a favor. Camila le propuso que leyera el libro para conocer su opinión sobre las actividades sugeridas y saber si lo podía recomendar a sus amigas.

HISTORIA:

El entusiasmo de Clara fue inmediato y lo leyó en tres días. Conversó y analizó con su madre las distintas partes del libro:
Un tiempo para la familia,
un tiempo para los demás,
un tiempo para ayudar en casa,
un tiempo para estudiar,
un tiempo para los amigos,
un tiempo para leer,
un tiempo para crear,
un tiempo para el deporte,
un tiempo para la naturaleza,
un tiempo para bañarte, otro para dormir y otro para comer,
un tiempo dividido en tres: vídeo, tele y juegos electrónicos,
un tiempo de oro (para Dios).
Leyeron todas las actividades propuestas y Clara comenzó a pensar en el tiempo que tiene libre al volver del colegio y los fines de semana. Decidió organizarlo mejor pensando cuántas cosas podía hacer si lo

aprovechaba bien... El primer gran descubrimiento fue que le dedicaba mucho tiempo a la televisión y se propuso reducirlo eligiendo los programas. Comenzó a leer todas las noches antes de dormir. Tuvo más tiempo para estudiar y ayudar en casa.

RESULTADO:
El libro ha ayudado a Clara a distribuir mejor su tiempo y a desarrollar su creatividad. Descubrió un montón de actividades para hacer en familia al aire libre en contacto con la naturaleza y ya se las propuso a sus padres para las vacaciones.

* *¡Sácale jugo al tiempo libre!,* Josefina Caprile de García, Ed. Lumen

Guía de trabajo

Nº 3 A

LA EDUCACIÓN PREVENTIVA

Guía de trabajo

Nº 3 A

LA EDUCACIÓN PREVENTIVA

Comprende los capítulos I a III

OBJETIVOS:

— ***Aplicar la Educación Preventiva por edades.***

— ***Diseñar el Proyecto Educativo Familiar.***

— ***Conocer la influencia de los padres en la infancia para actuar en consecuencia.***

TRABAJO INDIVIDUAL:

1º.- Una lectura rápida y otra lenta marcando lo importante.

2º.- Apuntar las dudas que surjan de la interpretación del texto.

3º.- Sueñen cómo les gustaría que fuesen sus hijos. Elijan los cuatro valores que consideren más importantes y pónganlos por escrito. Escojan uno para empezar a mejorar y hagan un Plan de Acción sencillo para vivirlo.

4º.- Es mejor prevenir que curar. Anoten tres temas en los que deban informar al hijo más pequeño antes que sea tarde.

Conversen con él y lleguen a propósitos concretos.

5º.- Elijan un Período Sensitivo que corresponda a alguno de sus hijos y piensen un Plan de Acción para vivirlo con él.

6º.- Es necesario valorar cada minuto que pasamos con nuestros hijos. Lean nuevamente en el capítulo III el punto «Disfrutar con los hijos» y piensen tres nuevas situaciones para aplicar a la familia.

GUÍA DE GRUPO:

1º.- Tratar de aclarar las dudas de interpretación que hayan surgido al leer el texto.

2º.- Es mejor prevenir que curar. Exponer cada familia los temas conversados con los hijos de acuerdo al punto 4 del trabajo individual.

3º.- Cada familia expondrá alguna de las situaciones nuevas, pensadas para disfrutar con los hijos.

4º.- Comentar los Planes de Acción realizados en el trabajo individual.

5º.- Seleccionar los tres mejores Planes de Acción aportados en esta sesión.

6º.- TRABAJO OPCIONAL:

a) Recordar entre todos la Teoría del Teatro.

b) Dar cinco minutos para que cada familia anote las 5 mejores «sillas» que aún le quedan por ocupar en su hijo.

c) Hacer entre todos un listado por edades.

Guía de trabajo

Nº 3 B

LA EDUCACIÓN PREVENTIVA

Guía de trabajo

Nº 3 B

LA EDUCACIÓN PREVENTIVA

Comprende los capítulos IV a VI

OBJETIVOS:

— *Aprender cómo se adquiere un hábito.*

— *Descubrir la importancia de jugar con los hijos.*

— *Crecer en el amor a Dios viviendo la Cuaresma en familia.*

TRABAJO INDIVIDUAL:

1º.- Una lectura rápida y otra lenta marcando lo importante.

2º.- Apuntar las dudas que surjan de la interpretación del texto.

3º.- Los hábitos se alcanzan por la repetición de actos libres repetidos con esfuerzo. Piensen para el menor de sus hijos, dos hábitos referidos a la inteligencia y dos referidos al cuerpo. Elijan uno de ellos para hacer un Plan de Acción.

4º.- Educar en virtudes es ayudar a los hijos a adquirir hábitos buenos desde que son pequeños. Piensen un hábito referido a la voluntad que tenga que ver con la edad de uno de sus hijos y hagan un Plan de Acción.

5º.- Para jugar con los hijos es fundamental entrar en su mundo: sentirnos parte, ponernos a su altura, respetar su tiempo de juego con nosotros y ayudarles a ejercer su libertad y creatividad. Hagan un listado de posibles juegos en familia de acuerdo a las edades y preferencias de los hijos y reserven un tiempo «especial» para disfrutarlos con ellos.

6º.- La Cuaresma es un tiempo especial de conversión y contamos con una serie de medios que la Iglesia nos propone para vivirla con piedad. Léanlos muy despacio y elijan uno para vivirlo mejor en familia.

GUÍA DE GRUPO:

1º.- Tratar de aclarar las dudas de interpretación que hayan surgido al leer el texto.

2º.- Confeccionar entre todos un cuadro de hábitos referidos al cuerpo, la inteligencia y la voluntad correspondientes a la infancia.

3º.- Comentar algunas de las anécdotas vividas durante el tiempo de juego compartido con los hijos según el punto 4 del trabajo individual.

4º.- Comentar los Planes de Acción realizados en el trabajo individual.

5º.- Seleccionar los tres mejores Planes de Acción aportados en esta sesión.

6º.- TRABAJO OPCIONAL: Anotar 10 sugerencias que nos ayuden a vivir mejor la Cuaresma en familia.

ÍNDICE

PARTE SEGUNDA "B"
VALORAR EL TIEMPO CON LA FAMILIA

(Boletín de suscripción, en la página siguiente.)

HACER FAMILIA

educar en valores

HACER FAMILIA INTERNACIONAL

LA EDUCACIÓN PREVENTIVA
Cristina Olivieri y Silvia Tosti Ibáñez

UNA EDUCACIÓN DIFERENTE
Fernando Corominas

INTELIGENCIA EMOCIONAL Y FELICIDAD
Maite Mijancos

CÓMO EDUCAR

1. EDUCAR HOY
Fernando Corominas
16ª edición

4. EXIGIR PARA EDUCAR
Eusebio Ferrer
11ª edición

6. FAMILIAS CONTRACORRIENTE
David Isaacs y Mª Luisa Abril Martorell
6ª edición

7. TU HIJO DIFERENTE
Pilar Cabrerizo y Asunción Pacheco
3ª edición

9. LOS ESTUDIOS Y LA FAMILIA
Gerardo Castillo Ceballos
5ª edición

11. DIOS Y LA FAMILIA
Jesús Urteaga
5ª edición

12. PLANIFICACIÓN FAMILIAR NATURAL
Tomás Melendo y Joaquín Fernández-Crehuet
4ª edición

13. CÓMO PREVENIR EL CONSUMO DE DROGAS
Aquilino Polaino y Javier de las Heras
6ª edición

14. PARA EDUCAR MEJOR
María Teresa Aldrete de Ramos
5ª edición

16. PREPARAR A LOS HIJOS PARA LA VIDA
Gerardo Castillo
6ª edición

17. LOS ESTUDIOS Y EL DESARROLLO INTELECTUAL
Carlos Ros
4ª edición

18. LOS NOVIOS. EL ARTE DE CONOCER AL OTRO
Ramón Montalat
5ª edición

20. CÓMO EDUCAR A TUS HIJOS
Fernando Corominas
7ª edición

EDUCAR POR EDADES

22. TUS HIJOS DE 1 A 3 AÑOS
Blanca Jordán de Urríes
8ª edición

23. TUS HIJOS DE 4 A 5 AÑOS
Manoli Manso y Blanca Jordán de Urríes
7ª edición

24. TU HIJA DE 6 A 7 AÑOS
María Teresa Galiana y Amparo González
4ª edición

25. TU HIJO DE 6 A 7 AÑOS
Blanca Jordán de Urríes
3ª edición

26. TU HIJA DE 8 A 9 AÑOS
Isabel Torres
6ª edición

27. TU HIJO DE 8 A 9 AÑOS
José Antonio Alcázar y Mª Ángeles Losantos
4ª edición

28. TU HIJA DE 10 A 11 AÑOS
Trinidad Carrascosa y Marta Bodes
6ª edición

29. TU HIJO DE 10 A 12 AÑOS
Alfonso Aguiló
8ª edición

30. TU HIJA DE 12 AÑOS
Candi del Cueto y Piedad García
7ª edición

31. TU HIJA DE 13 A 14 AÑOS
Piedad García y Candi del Cueto
5ª edición

32. TU HIJO DE 13 A 14 AÑOS
Vidal Sánchez Vargas
6ª edición

33. TU HIJA DE 15 A 16 AÑOS
Pilar Martín Lobo
5ª edición

34. TU HIJO DE 15 A 16 AÑOS
Santiago Herraiz
3ª edición

35. TUS HIJOS ADOLESCENTES
Gerardo Castillo
8ª edición

36. NOVIAZGO PARA UN TIEMPO NUEVO
Antonio Vázquez Vega
4ª edición

37. LOS NOVIOS. LOS MISTERIOS DE LA AFECTIVIDAD
Ramón Montalat
5ª edición

38. MATRIMONIO PARA UN TIEMPO NUEVO
Antonio Vázquez
15ª edición

39. LOS ABUELOS JÓVENES
Oliveros F. Otero y José Altarejos
5ª edición

83. EL MATRIMONIO Y LOS DÍAS
Antonio Vázquez

85. PRIMERA ETAPA DEL MATRIMONIO
Antonio Vázquez Vega

89. EMBARAZO Y PRIMER AÑO DE VIDA
Carmen Corominas

■ EDUCACIÓN TEMPRANA

41. EL DESARROLLO TOTAL DEL NIÑO
Juan Valls Juliá
6ª edición

42. LA EDUCACIÓN TEMPRANA DE 0 A 3 AÑOS
Ana Sánchez
3ª edición

43. LA EDUCACIÓN TEMPRANA DE 3 A 7 AÑOS
Merche Bravo y Luis Pons
7ª edición

44. EXPERIENCIAS DE UNA MADRE
Ana Sánchez
6ª edición

45. CÓMO ENSEÑAR LA VIDA AL NIÑO A TRAVÉS DE LOS CUENTOS
Blanca Jordán de Urríes
2ª edición

46. DESARROLLAR LA INTELIGENCIA A TRAVÉS DEL AJEDREZ
José María Olías
2ª edición

47. ¿ES MI HIJO SUPERDOTADO O INTELIGENTE?
Agustín Regadera López

87. COMO EDUCAR A TUS HIJOS CON LA MÚSICA
María Pilar Carrasco

■ EDUCAR EN VALORES

48. LOS BUENOS MODALES DE TUS HIJOS MAYORES
José Fernando Calderero
2ª edición

49. LOS BUENOS MODALES DE TUS HIJOS PEQUEÑOS
José Fernando Calderero
7ª edición

50. CÓMO EDUCAR LA VOLUNTAD
Fernando Corominas
10ª edición

52. SITUACIONES COTIDIANAS DE 0 A 6 AÑOS
Teresa Artola
6ª edición

53. SITUACIONES COTIDIANAS DE 6 A 12 AÑOS
Teresa Artola
4ª edición

54. SITUACIONES COTIDIANAS DE TUS HIJOS JÓVENES
Santiago Herraiz
2ª edición

55. SITUACIONES COTIDIANAS DE TUS HIJOS ADOLESCENTES
Teresa Artola
3ª edición

58. INTERROGANTES EN TORNO A LA FE
Alfonso Aguiló
4ª edición

59. 25 CUESTIONES ACTUALES EN TORNO A LA FE
Alfonso Aguiló
2ª edición

60. EDUCAR EN POSITIVO
Fernando Corominas
4ª edición

63. EDUCAR LOS SENTIMIENTOS
Alfonso Aguiló
5ª edición

65. EDUCAR EL CARÁCTER
Alfonso Aguiló
7ª edición

66. CARÁCTER Y VALÍA PERSONAL
Alfonso Aguiló
3ª edición

68. LA TOLERANCIA
Alfonso Aguiló
4ª edición

69. ENSEÑAR A PENSAR
Antonio Jiménez Guerrero
5ª edición

70. VIRTUDES HUMANAS
José A. Alcázar y Fernando Corominas
3ª edición

81. EDUCAR LA CONCIENCIA
José Luis Aberásturi
2ª edición

82. EL ARTE DE ENSEÑAR A AMAR
Juan José Javaloyes
4ª edición

84. CÓMO HACER HIJOS LECTORES
Carmen Lomas Pastor

86. ACERCAR LOS HIJOS A DIOS
Ernesto Juliá
2ª edición

88. JUGAR: LA FORMA MÁS DIVERTIDA DE EDUCAR
María Isabel Jiménez Domecq

90. CÓMO VIVIR LA LITURGIA EN FAMILIA
Fernando Corominas

91. PADRES, ADOLESCENTES Y DIOS
Ernesto Juliá

■ **MEDIOS EDUCATIVOS**

71. PROBLEMAS DE LOS ADOLESCENTES
Antonio Crespillo-Enguix
2ª edicíon

72. LA COMUNICACIÓN EN LA FAMILIA
Gloria Elena Franco
5ª edicíon

73. HIJOS, TUTORES Y PADRES
José M. Cervera y José A. Alcázar
4ª edicíon

80. 100 PLANES DE ACCIÓN
Fernando Corominas
2ª edicíon

Guías para educar

Pequeños manuales prácticos
para saber más y educar mejor

CÓMO SE EDUCA UNA AUTOESTIMA FAMILIAR SANA
Cynthia Hertfelder

CÓMO DIGO QUE NO A MI HIJO ADOLESCENTE
Blanca Jordán de Urríes

CÓMO USAR LAS NUEVAS TECNOLOGÍAS EN LA FAMILIA
Marianeta Jáudenes

CÓMO SER OPTIMISTA ANTE LA VIDA
Blanca Jordán de Urríes

CÓMO DESARROLLAR LA CREATIVIDAD EN LOS NIÑOS
Teresa Artola González

CÓMO APRENDER DEL DOLOR
María Robledo Gandarias

EDICIONES PALABRA, S.A. - Castellana, 210 - 28046 Madrid
Telfs.: 91 350 77 20 - 91 350 77 39 - Fax: 91 359 02 30
www.edicionespalabra.es - epalsa@edicionespalabra.es